Tracer

Étym. Chercher à suivre la trace, marquer un chemin. Ouvrir une voie, frayer un chemin. Indiquer à quelqu'un la route à suivre, lui donner l'exemple. Creuser un sillon. Former par les traits, les signes de l'écriture. Écrire.

Retracer

Rappeler le souvenir, renouveler la mémoire. Raconter de manière à faire revivre. Retrouver, suivre la trace de quelqu'un. Retrouver la trace de quelque chose, reconstituer quelque chose à l'aide d'indices. Tracer de nouveau. Retracer : Former de nouveau des traits ou une ligne effacés, repasser sur (un trait).

Source : Centre national de ressources textuelles et lexicales, cnrtl.fr

Luc Zbinden

UN CARNET VERT

(En)quête d'origines

FAVRE

À Nicolas

L'espace fond comme le sable coule entre les doigts. Le temps l'emporte et ne m'en laisse que des lambeaux informes : Écrire : essayer méticuleusement de retenir quelque chose, de faire survivre quelque chose : arracher quelques bribes précises au vide qui se creuse, laisser, quelque part, un sillon, une trace, une marque ou quelques signes.

Georges Perec[1]

Remarque liminaire : afin de ne pas alourdir le texte et d'en garder la fluidité, les notes se trouvent en fin d'ouvrage.

Avant-propos de Patrick Cabanel

L'enquête de Luc Zbinden a débuté en 2010; il m'avait du reste, cette année-là, invité à l'aider, puisque j'avais co-dirigé un livre déjà ancien sur l'accueil des Juifs en Cévennes. Ce livre mettait en valeur, notamment, l'action d'une série de pasteurs sur place dans les années 1940 – nombre d'entre eux ont été proclamés Justes. Mais, alors même que le chantier se déroulait au début des années 1980, quarante petites années après les événements, et que la plupart des acteurs ou témoins étaient encore vivants, notre équipe ne les avait pas tous repérés, ou de manière très partielle, qu'il s'agisse de l'Autrichien Herbert Stein-Schneider, alias Séguy (d'origine juive), de Jean Saint-Martin (nommé Juste en 2022 seulement) ou des Suisses Edgar Wasserfallen et, donc, Paul Zbinden. Nous avions encore moins repéré la famille juive des Heller que le dernier nommé, grand-père de l'auteur, a contribué à sauver à Saint-Jean-du-Gard. Famille dont l'histoire était pourtant directement liée à l'un des principaux contributeurs de l'enquête, Daniel Travier: on trouvera dans ce livre deux anecdotes très intéressantes à propos de sa mère, professeure de mathématiques et pianiste.

On voit tout de suite deux choses: la première, qu'un réfugié, juif en l'occurrence, quelque exilé, quelque coupé de ses bases familiales et sociales « normales », quelque visé par la persécution qu'il soit, n'est pas toujours isolé, abandonné à lui-même. Un tissu plus ou moins sourdement protecteur se recrée autour de lui, alors même que l'un des buts de l'antisémitisme, nazi ou vichyssois, était précisément de le désocialiser et le mettre à part, avant d'en faire une cible. Cela était surtout vrai des Juifs français, bien insérés, et de longue date, dans la société, reliés au reste de la population par de multiples canaux (études, travail, voisinage, amitié, commerce, mariage...) ; mais ce l'est aussi, quoique dans des conditions bien moins favorables, des juifs étrangers, l'exemple des Heller le montre.

La seconde remarque, d'ordre méthodologique, est en quelque sorte le corollaire de la première : pour qui entend reconstituer l'un de ces destins, individuel ou familial, il faut multiplier coups de sonde et quêtes dans des directions et des milieux bien divers. Au risque de ne pouvoir tous les retrouver et croiser ; mais avec l'espoir de chances démultipliées d'accrocher un fil qui peut mener à un autre. C'est bien ce que nous donne à voir, non sans maestria, Luc Zbinden, dans cette enquête qui cherche non pas, contrairement à d'autres, à conjurer une disparition (à Auschwitz), mais à reconstituer et comprendre une rencontre entre un « sauveteur », son grand-père pasteur, et des « sauvés », le jeune peintre Heller et sa mère, qui ont survécu à la guerre, comme leur père et mari, le compositeur Hans Heller, un cousin d'Einstein, découvrons-nous. J'ai utilisé ce beau mot d'*enquête* – proprement historien depuis Hérodote, on le sait – puisque c'est bien ainsi que l'auteur a construit son livre, avec un sens consommé, quasi cinématographique, du récit et de cet ensemble d'interrogations, de rencontres, de hasards, de chances, qui l'ont mis sur la piste Heller-Zbinden. Le lecteur découvrira en même temps et ce que l'auteur a pu retrouver, et la manière dont il s'y est pris, et ce n'est pas le moindre charme de ce livre très personnel mais qui touche à l'un des plus grands drames collectifs qui soit. Le lecteur pourra aussi mesurer, osons le dire, l'effort que représente le travail de l'historien, quand il tente de tout reconstituer d'un milieu : s'il est impossible, même à une équipe, de déployer autant de patience, de temps et d'efforts que ce qu'a fait Luc Zbinden à la rencontre de deux destins familiaux, c'est bien ainsi qu'il faut procéder pour aller au-delà des statistiques et des généralités.

Et lorsque j'ai entrepris, en 2017, de reprendre de fond en comble le dossier de l'accueil des juifs dans les Cévennes, j'ai à mon tour sollicité son aide, puisque son travail avait beaucoup progressé et qu'il permettait d'ajouter des noms bien identifiés à ces « murs des noms » que sont certains ouvrages : noms des aidants, noms des juifs aidés. J'ai été frappé par un trait tout à fait inattendu (la chose que nous avions le moins soupçonnée dans les années

1980, alors même que nous disposions du témoignage de l'un d'eux, Jacob Barosin, publié aux États-Unis) : la présence dans les Cévennes de plusieurs artistes juifs allemands (ou formés en Allemagne), qui se sont efforcés de continuer à peindre (ou sculpter, pour l'une d'entre eux) et n'ont pas manqué de représenter dans leurs œuvres le pays dans lequel ils s'étaient installés, soit officiellement, soit clandestinement. Luc Zbinden cite à juste titre ce Barosin dont le récit autobiographique a été traduit récemment en français ; mais il y a aussi le très intéressant Léo Maillet (Leopold Mayer) ; et, donc, le jeune Heller dont les œuvres de jeunesse, quand il se trouve à Saint-Jean-du-Gard, sont des paysages très figuratifs, alors que l'homme mûr, installé aux États-Unis, peindra des abstractions dont la violence énigmatique renvoie probablement à l'écho de la Shoah.

Le plus piquant est que ces peintres juifs venus d'ailleurs ont donné aux Cévennes à peu près leur seule « école » picturale, dans une région riche en écrivains mais très pauvre en artistes. Une sorte de contre-don, de la part de cette poignée d'artistes, au don de l'accueil. Une belle page d'histoire et d'humanité, que Luc Zbinden a retracée avec autant de minutie que de passion, également respectueuses des destins.

Patrick Cabanel est directeur d'études en histoire et sociologie des protestantismes

Titres des ouvrages auxquels il a été fait allusion :

Jacob Barosin, *La Cavale. Un peintre juif et son épouse dans la France des années 1940*, Ampelos, 2021

Patrick Cabanel, *Nous devions le faire, nous l'avons fait. C'est tout. Cévennes, l'histoire d'une terre de refuge 1940-1944*, Nîmes, Alcide, 2018, pp. 369-374 et 479-498

Patrick Cabanel, *Deux peintres du refuge. Artistes juifs dans les Cévennes 1942-1944*, Nîmes, Alcide, 2020

Philippe Joutard et al., dir., *Cévennes, terre de refuge, 1940-1944*, 5e éd. revue et augmentée, Sète, Nouvelles Presses du Languedoc, 2012 [1987]

Préface de Haïm Korsia

Lorsque Luc Zbinden m'a contacté pour me demander de rédiger une préface à son ouvrage, j'ai été tenté de répondre par la négative, pour ne pas entrer dans un jeu pervers de décrédibilisation de la parole – ou de l'écrit – en les multipliant... Mais j'ai été aussi particulièrement touché par la sincérité, la spontanéité de cette démarche. Il venait de finir le récit de quatorze années au cours desquelles il a patiemment recherché et reconstitué l'action que son grand-père, le pasteur suisse Paul Zbinden exerçant sa pastorale en France, a menée pendant la douloureuse occupation allemande de notre pays, pour venir en aide à des familles juives mises en danger par la folie nazie.

Bien entendu, le fait que ce soit par l'intermédiaire de Mme Anne-Marie Poutiers, cette remarquable professeure du lycée Molière qui donne l'amour de l'histoire à ses élèves, cela m'a convaincu. Elle a mené un travail bouleversant sur les élèves déportés de son établissement et j'en avais été personnellement très touché.

Ce qui m'a plus encore touché, c'est l'âpre obstination, l'engagement total de ce petit-fils dans sa volonté de rendre un hommage vibrant au courage et au dévouement de son grand-père, de porter haut les valeurs humanistes qu'il incarnait, de saluer aussi l'humilité qui a guidé son existence, puisque jamais il ne s'est prévalu de sa généreuse action, que d'aucuns appelleraient héroïsme, et qui pour lui allait de soi puisqu'il s'agissait là de liberté, de fraternité, de respect de la création de l'Éternel. Il s'agissait de lutter, en homme de foi, contre ce que Hannah Arendt a appelé la « banalité du mal ».

En refaisant le chemin de son aïeul, l'auteur redonne aux valeurs qui ont guidé sa vie une vigueur renouvelée. Il nous fait ainsi une démonstration chaleureuse et réconfortante de piété filiale, de la déférence et de l'estime portées à celui qui lui a transmis le souci de justice, de noblesse et de vérité qui nourrit son ouvrage.

Car, à travers l'histoire édifiante du pasteur Zbinden, ce livre est aussi un hommage, renouvelé et nécessaire, à tous ceux qui, Justes parmi les nations et « honnêtes hommes et femmes », ont écouté la voix de leur humanité et – bravant le danger – ont agi, agissent, en créatures de Dieu.

Luc Zbinden s'est rendu trois mois en Israël pour faire aboutir ses recherches et il a pu ainsi rencontrer cette société si marquée par la Shoah et en tirer une belle expérience à partager lors de ses conférences. Les médias israéliens se sont d'ailleurs intéressés à sa démarche en la qualifiant d'œuvre d'un « bâtisseur de ponts ».

C'est en fait le public de ces rencontres régulières qui a poussé Luc Zbinden à écrire son expérience familiale.

Enfin, l'auteur, par ses pérégrinations intellectuelles et spirituelles a pu rencontrer la communauté juive de Lausanne, dans le canton de Vaud. Il se trouve que je connais bien et apprécie beaucoup cette synagogue et son dynamisme et en particulier celui qui en fut l'âme, mon ami Michel Elkaïm au dévouement inégalé.

La leçon d'humanisme que nous livre le pasteur Zbinden est un aphorisme simple que je pourrais résumer comme suit: On ne sauve pas les gens qu'on aime, mais on aime les gens qu'on sauve.

Ce message est toujours d'actualité et c'est le grand apport de ce livre.

Haïm Korsia est Grand rabbin de France, membre de l'Institut de France

I

Marion

Janvier 2011, Boulevard de la Saussaye, Neuilly-sur-Seine. Derrière la grille noire de cet immeuble résidentiel, un jardin endormi par l'hiver me sépare encore de Marion.

Marion. Après des mois de recherches, ce nom avait surgi du brouillard. Je m'y étais accroché, de toutes mes forces, comme à mon fil d'Ariane. Mon enquête venait à peine de commencer. Mes seuls indices ? Des noms et dates griffonnés à la hâte lors d'entretiens téléphoniques. Pièces à conviction, surprises, questions, révélations s'enchaîneraient bientôt, pour m'entraîner dans cette quête qui ne m'accorderait aucun répit. Quelques instants suffiraient à changer le cours de ma vie, désormais animée par un mouvement continu et dynamique. Je ne pouvais me résoudre au vide, au silence et à l'absence de traces.

Une voix montait du plus profond de mes entrailles.

Chercher. Comprendre. Combler.

Aujourd'hui, plus de treize années après cette convocation, à l'heure où je commence ce récit, mon exploration se poursuit, inlassablement.

Dans ma main ce matin-là, une lettre reçue un mois plus tôt, dont je relisais sans cesse les premières lignes :
« *Je suis heureuse de vous confirmer les termes de notre rendez-vous pour le vendredi 27 janvier. Mon mari et moi nous réjouissons par avance de vous rencontrer et prendre ainsi le temps d'évoquer ensemble nos souvenirs de la famille Heller, lors de ces années troubles de la guerre.* »

Le boulevard est bordé d'immeubles cossus et d'hôtels particuliers. Des façades silencieuses, des fenêtres fermées sur des vies et des secrets que je me plais à imaginer. Derrière moi, les cris d'enfants de l'école voisine viennent joyeusement briser le calme de cette rue.

C'est au 67 rue Edouard-Nortier, à quelques pas de là, qu'a pris place la rafle des dix-sept enfants juifs de Neuilly. Tous déportés par l'un des derniers convois, le 25 juillet 1944. Aucun n'a survécu. Tous gazés dès leur arrivée.

Sur la porte de cet ancien orphelinat, on distingue une plaque commémorative, partiellement cachée par le lierre ; il faut écarter avec soin les feuilles pour que se révèlent des noms, des âges, des absences. Hasard ou coïncidence. Nous sommes aujourd'hui le 27 janvier, jour de commémoration de la libération d'Auschwitz.

Je compose le code. La grille s'ouvre. Encore quelques pas. Cette invitation à laquelle j'ai répondu sans hésitation concentre tous mes espoirs, mais les questions m'assaillent. À quoi dois-je m'attendre ? Quel temps Marion m'accordera-t-elle ? Me serais-je trompé ? Accepterait-elle de revenir sur une période que j'imagine douloureuse pour elle ? Où se trouvait-elle pendant ces années sombres ? Avait-elle croisé le chemin de mon grand-père ? Dans quelles circonstances ?

G. et M. Van Eck.

Au moment de sonner me reviennent les mots prononcés par Marion lors de notre seul entretien téléphonique. Comme une promesse. Comme une énigme.

« Paul Zbinden ? Je sais qu'il a risqué sa vie pour mes cousins. J'ai toujours voulu le rencontrer et le remercier. Et soixante-cinq ans après, c'est son petit-fils qui me permet de vivre cela. »

Je l'ignorais encore, mais dans quelques instants, les premières pièces d'un puzzle me seraient confiées. Il n'attendait que d'être reconstitué.

Tout avait commencé à la fin de l'été 2009, par une discussion banale avec Ruth et Mado, deux de mes tantes. J'aimais les entendre, les faire parler et me projeter dans leurs souvenirs d'enfance. Leur village natal, Saint-Jean-du-Gard, niché au cœur des Cévennes, revenait toujours dans leurs conversations. Tout petit, j'écoutais déjà mon père, ses frères et ses sœurs évoquer avec nostalgie leurs années à « Saint-Jean ». Surgissaient alors, dans le kaléidoscope de mon imagination, des images, des sonorités et des noms : pont vieux, Gardon, presbytère, Soubeyran, La Perrière, Rafinesque, Bruguière, camisards, bambouseraie, huguenots, filature, pélardon et gariguettes. Tout chantait dans ce pays que je ne connaissais pas encore.

Mais ce jour-là, mes tantes me regardèrent avec insistance et prononcèrent ces paroles jamais entendues auparavant :

« Sais-tu que ton grand-père a protégé des Juifs pendant la guerre ? »

Sous les mots, un secret.

Ruth et Mado pouvaient-elles se figurer un seul instant que cette phrase, d'apparence anodine, bouleverserait, affecterait et réorienterait le cours de mon existence ?

Qui était mon grand-père ? Je croyais l'avoir connu. Lui, le pasteur charismatique, poète à ses heures, patriarche humble et discret. Mais cette question résonnait comme un appel à l'action, un défi à relever. Une mission ? Peut-être. Qui étaient donc ces Juifs ? Quelle aide leur avait-il fournie ? En quelles circonstances ? Qu'étaient-ils devenus ? Et pourquoi ce silence familial ? Disparu depuis quelques années, mon grand-père laissait ces questions sans réponse.

Je sentis immédiatement l'urgence, le besoin de chercher et de raconter, convaincu que ces premiers mots n'étaient que la partie visible d'un iceberg dont il fallait explorer celle immergée : prémices d'un cheminement qui durerait plus de treize ans.

J'étais bien loin de penser que les pièces à conviction émergeraient sous chacun de mes pas, et s'imbriqueraient peu à peu les unes dans les autres, comme par miracle. Sans prévenir, la Shoah, l'Histoire et sa grande hache, pour reprendre les mots de Perec, rejoignaient mon histoire personnelle.

« Sais-tu que ton grand-père a protégé des Juifs pendant la guerre ? »

Cette phrase sismique prononcée sur ma vie, l'avait d'abord ébranlée, puis sollicitée.

Derrière ces mots, un appel qui résonnait comme le « *Lech Lecha* » adressé à Abraham dans le livre de la Genèse et souvent traduit par « Quitte ton pays ». Le philosophe Emmanuel Levinas et Rachi, rabbin et poète, apportent une dimension complémentaire au *Lech Lecha*, plus interne, plus intime : « Va vers toi », « Sors de toi-même », « Va pour toi ». Une triple responsabilité, envers soi, envers les autres. Le temps était donc venu de me mettre en mouvement, de prendre une route encore inconnue, celle qui me conduirait à la découverte de secrets passés et présents. Accueillir cet appel signifiait accepter de partir en quête de vérités et de réponses, et prendre le risque d'une rencontre avec moi-même.

Le voyage vers mes racines, vers mon héritage, commençait.

La révélation de l'aide apportée par mon grand-père à des Juifs menacés avait trouvé en moi un terrain en attente, comme prêt à l'abriter. Depuis mon adolescence, j'avais en effet été travaillé en profondeur par le destin du peuple juif, sans jamais pouvoir expliquer les raisons de cet attachement.

Burgess Hill. Dans cette petite ville du West Sussex, au sud de l'Angleterre, je me revois en blondinet de 10 ans se faufilant en cachette sous un chapiteau pour plonger dans un univers hors du temps. Un tabernacle de toile dressé par un collectionneur passionné accueillait une exposition en lien avec l'archéologie biblique: tessons de poterie, manuscrits, rouleaux de la Torah, shofar fascinaient le petit garçon en culottes courtes que j'étais. Seul avec eux, j'écoutais chaque objet me raconter son histoire et son parcours, me confier ce dont il avait été le témoin: à travers eux, c'est un peuple et son histoire qui m'appelaient.

Quelques années plus tard, dans les locaux de l'Université de Neuchâtel, je me présente aux examens de maturité fédérale, équivalent du baccalauréat. J'avais choisi comme sujet de recherche en histoire Massada, forteresse établie sur une plateforme rocheuse au cœur du désert de Judée et lieu symbolique de résistance héroïque. En amont, des semaines d'étude et d'analyse des ouvrages de l'archéologue Yigael Yadin et de lecture de *La Guerre des Juifs* de Flavius Josèphe. Au jour de mon oral, les experts exprimaient gêne et étonnement, m'avouant qu'ils n'avaient jamais entendu parler de ce lieu ni de son histoire. Renversement de situation. Le jury avait disparu, remplacé en un instant par un public, certes restreint, mais qu'il s'agirait d'emmener en voyage et convaincre. Nous allions ensemble emprunter ensemble le sentier du serpent, visiter le palais et les piscines du roi Hérode, prêter attention au discours d'Eliazar Ben Yaïr, être témoin de la fierté jusqu'au-boutiste d'un peuple luttant pour sa liberté, assister à la défaite morale de l'occupant. Massada me fascinait. J'avais conclu mon exposé avec les mots du poète Isaac Lamdan, qui prennent aujourd'hui tout leur sens: « Non, la chaîne n'est pas rompue. Plus jamais Massada ne tombera. »[2] Non, la chaîne n'est pas rompue.

Mon amour du cinéma et ma passion pour la littérature m'offriraient bientôt décors et histoires dont j'allais me nourrir. Insatiable absorption de livres et de films évoquant la Shoah, ou décrivant le quotidien des communautés juives européennes, avant que ne surgissent les cruelles ténèbres.

Chercher à comprendre, ressentir, partager et honorer ces destins meurtris.

Chaque auteur déposait dans ma vie un peu de celles qu'il avait racontées : Lanzmann, Modiano, Malamud, Levi, Ribowski, Wiesel, Perec, Mihaileanu, Kertesz, Spielberg, Malle, Spiegelmann, Delbo, et tant d'autres encore. J'emportais en moi des fragments d'existence, des cris et des souffrances.

Aujourd'hui encore, il me suffit de fermer les yeux pour entendre chanter Simon Srebnik, remontant le cours d'une rivière polonaise. Scène d'ouverture du documentaire *Shoah*. Il marche sans un mot en lisière de forêt, sur le site de Chelmno, et cherche du regard celles et ceux qui ne sont plus ; peut-être les voit-il, les entend-il : « Difficile à reconnaître, mais c'était ici. »

Autre séquence que je ne peux oublier, celle du coiffeur Abraham Bomba, revivant les instants où il coupait les cheveux des femmes avant qu'elles n'entrent dans les chambres à gaz. Cette scène me hantait et m'habite encore. Elle contient en l'espace de quelques minutes l'ADN de mon « en-quête » : la découverte d'un témoin clé après des années de recherches ; le silence d'hier, celui du coiffeur, condamné à se taire, contraint de ne rien révéler à ces mères, épouses, jeunes filles, sous peine d'être exécuté ; le silence du présent, celui du survivant qui évoque la sœur et la femme d'un ami dont il va devoir couper les cheveux avant leur mise à mort. Dans son salon de coiffure de Tel-Aviv, Abraham pleure. Abraham raconte. Abraham s'interrompt. Abraham se tait. Quels mots, quels soupirs, quels regards peut-il placer sur l'intime et déchirant indicible ? « Je ne peux pas, je ne peux pas », lâche-t-il dans les larmes. La voix off lui répond : « Il faut continuer, il le faut. »

Continuer, il le faut.

Ce peuple, son destin étaient le porte-greffe dont la sève me nourrissait. Entraîné par lui, je devenais dans le même temps porteur de mémoire et d'un héritage à protéger.

Des pages, des scènes m'invitaient à écouter ces existences, comme pour tenter de les revivre de l'intérieur, pour me conduire peu à peu à une forme de réalignement, voire d'adoption.

Spielberg. Schindler. Dans l'obscurité intime d'une salle de cinéma, la fragile frontière entre réalité et fiction s'estompait. Trois heures d'un voyage pendant lequel j'entrerai dans le regard de Schindler, et rejoindrai les vies des anonymes sacrifiés. Une journée en enfer dans les rues de Kazimierz, à Cracovie, vidé de ses habitants par les troupes allemandes. Jozefa 12, une cour intérieure, fosse et arène, où pleut le contenu de valises et des appartements jeté depuis les galeries : vertige devant l'arrachement aux souvenirs, le vol des biens, le viol d'une Histoire, le déracinement, puis l'effacement. Parmi les corps, les meubles et les vêtements entassés, les familles hagardes, les courses éperdues, une petite fille en manteau rouge, innocente, remonte la file des Juifs qui marchent vers la mort. Scène emblématique du film. Hypnotisé, je l'accompagne du regard, et la vois pousser la porte d'une maison, monter les escaliers pour se réfugier sous un lit, en se bouchant les oreilles. Elle a 6 ans, elle sera emmenée elle aussi ; son manteau est la tache honteuse des six millions de victimes livrées à elles-mêmes, anéanties par la folie barbare. La voix de son sang innocent crie de la terre vers moi.

Cette séquence m'a longtemps poursuivi. Serait-ce aussi par la bande sonore qui l'habille ? On y entend des enfants chantant une comptine en yiddish. Des voix d'anges, cristallines, sur des images de vitrines brisées et de balles tirées. Leurs paroles, composées par Mark Warshawsky[3], proclament la force de la mémoire, de la transmission, des racines.

Regardez, les enfants, et souvenez-vous,
De ce que vous apprenez là.
Répétez encore une fois et encore une fois :
Kometz-Aleph

Quand vous serez grands, les enfants
Alors vous comprendrez cela vous-mêmes :
Combien ces lettres contiennent de larmes,
Et combien de souffrance aussi.

Pendant que vous subirez l'exil,
Et que vous serez épuisés,
Tirez votre force de ces lettres,
Examinez-les !

Des lettres, des mots, porteurs de larmes, de résilience aussi. Celles de Peter, Marion, Irma, Hedwige.

C'est en me retournant aujourd'hui sur ces rencontres, lieux et événements préparateurs et fondateurs que je parviens à discerner les lignes qui les unissent, tracées fidèlement par une main invisible.

Sur la partition de ma vie, je croiserai un jour les notes d'un compositeur anglais, Adrian Snell, qui ajoutera sens et cohérence à mon chemin. Son œuvre majeure, l'oratorio intitulé Alpha et Omega, se faisait le miroir de ce qui m'habitait. Le concert s'ouvrait par un instrumental appelé « Kaddish for Bergen Belsen ». Cette mélodie imprimait et déposait en moi des empreintes indélébiles : celles des visages de chaque déporté. Chaque chanson retraçait l'errance et les tourments de ce peuple, les promesses et les espoirs qui jalonnaient ses exils. En point d'orgue du spectacle, les chanteurs de la chorale jusque-là vêtus des pyjamas rayés des prisonniers les laissaient soudainement tomber à leurs pieds, pour faire apparaître des vêtements blancs.

Des cendres à l'aube.

Dans un autre opus, « Song of an Exile », cet artiste donne une voix aux enfants qui ont perdu leur innocence pendant la Shoah et met en musique des textes issus du patrimoine juif. C'est là que j'ai rencontré Eva, Eva Pickova. À 12 ans, piégée dans le ghetto de Terezin, elle rédige un poème, « Fear », qui exprime toute sa souffrance et son cri d'espérance.

Aujourd'hui, le ghetto découvre une autre peur,
Serrant son étau, la mort brandit sa faux glacée.
Une maladie répand la terreur dans son sillage,
Les victimes de son ombre pleurent et se tordent de douleur.

Aujourd'hui, les battements de cœur d'un père disent son effroi.
Les mères cachent leur visage dans leurs mains,
Aujourd'hui, le typhus étouffe, tue les enfants,
Et arrache sans pitié son dû de leurs mains.

Mon cœur bat toujours dans ma poitrine
Tandis que des amis partent pour d'autres mondes.
Peut-être vaut-il mieux – qui peut le dire ?
Mourir aujourd'hui plutôt que de regarder cela ?
Non, non, mon Dieu, nous voulons vivre !
Ne pas voir nos rangs s'éclaircir.
Nous voulons un monde meilleur,
Nous voulons travailler, nous ne devons pas mourir ![4]

Eva mourra quelques mois plus tard à Auschwitz. Eva, parmi tant d'autres, fait désormais partie de mon voyage. Je marche aussi pour elle.

À l'occasion des voyages d'études que j'organisais pour mes élèves dans différentes villes européennes, je me devais toujours de trouver un lieu-témoin ou un invité en lien avec la Shoah.

Écouter, recevoir, relayer. Comme un devoir, une urgence.

Prague. L'occasion de comprendre l'histoire riche et douloureuse de sa communauté juive. Josefov. La liste des déportés qui recouvre les murs de la synagogue Pinkas crie des enfances, des rêves, des projets brisés. À côté de chaque nom écrit en rouge sang, la date de naissance, suivie de celle où l'on dispose de la dernière trace de la victime. Un mince trait d'union noir résume la durée de leur vie.

Soudain, un nom se détache devant mes yeux: *Pickova Eva 15.V.1929 – 18.XII.1943.* Eva, son poème, son cri.

Le vieux cimetière juif, funèbre clairière, présage et rappelle. Je marche parmi les tombes, silhouettes de pierre ; les unes courbées, les autres renversées, serrées, fendues, fissurées, enchevêtrées, empilées, couchées, blessées, meurtries, allongées.

J'avais remué ciel et terre pour trouver un survivant qui accepterait de témoigner devant ma classe. Dans une petite salle mise à disposition par l'hôtel, je vois arriver Pavel Stransky, cet homme discret, à la barbe blanche taillée avec soin, aux yeux pétillants derrière ses lunettes rondes. Une leçon de résilience et d'espoir. Déporté, mais soucieux de poursuivre son rôle d'enseignant auprès des enfants du bloc B2b d'Auschwitz Birkenau, il avait réussi à créer un espace d'espérance et d'humanité au cœur de l'horreur. Parmi les chansons qu'il apprenait à ces enfants en sursis, celle de « l'optimiste qui riait », dans laquelle une mouette lançait à Noé: « Tout déluge a une fin, et ce jour-là, nous rirons bien. »

Je me souviens du silence enveloppant son témoignage: un moment d'éternité.

« Toute vie véritable est rencontre », disait Martin Buber. J'eus la chance un jour de rencontrer Sigmund Toman, un survivant des camps de Terezin, Auschwitz et Dachau. Son récit, empreint d'éloquence, d'humour et de profonde humanité me bouleversa. En moi, le respect profond, l'honneur indicible et pudique de côtoyer un témoin. En lui, l'urgente nécessité d'interpeller la jeune génération pendant qu'il le pouvait encore.

Quelques semaines plus tard, Sigmund Toman, assis à une petite table, fixe les quatre cents visages silencieux de mes élèves, accompagnés de leurs professeurs. Au début de son intervention, il dépose dans mes bras son pyjama rayé qu'il tient à faire circuler dans les rangs. Je le transmets sans un mot, à mon voisin : cet enseignant connu pour son audace et son sens de la provocation sans limit saisit timidement la tenue du déporté, comme s'il n'osait la toucher ; il me regarde, sans un mot, ses yeux se remplissent de larmes.

Marcher dans leurs traces.

J'emmenais des classes à la découverte de lieux de mémoire emblématiques comme le camp de Sachsenhausen ou de Natzweiler-Struthof.

Expliquer, raconter, responsabiliser. Apprendre aux plus jeunes à recevoir du passé, à honorer les générations qui les ont précédés.

Arpenter les allées du Struthof nous introduit au spectacle de la mort et du sang, dont se repaissait la folie nazie. Ce camp, construit en terrasses, à flanc de coteau, à l'image d'un théâtre grec où se jouait quotidiennement, de jour comme de nuit, dans le brouillard comme dans la clarté du soleil, la même tragédie. En retrait, de l'autre côté des clôtures électrifiées et des miradors, la villa Ehret offre un contrepoint cruel à la vie des prisonniers. Comment cette demeure cossue, rustique, bordée d'une grande piscine, a-t-elle pu héberger le monstrueux Josef Kramer ? Voisinage du confort indécent et de la mort.

Ma première visite d'Auschwitz se déroula par une journée glaciale de janvier. Pourquoi ce camp m'avait-il convoqué depuis toujours ? Alors que je n'avais pas encore croisé le chemin de Marion, ma ligne de vie semblait toujours me ramener à Oswiecim.

On ne décrit pas Auschwitz, on ne raconte pas. Auschwitz ne se visite pas, on se laisse visiter par Auschwitz.

Je me souviens d'un jour gris et froid. Ginette Kolinka a dit qu'il ne fallait pas visiter Auschwitz au printemps, mais dans les températures glaciales pour tenter de comprendre ce que des hommes et des femmes ont subi, sans rien avoir sur le dos. Ce jour-là, j'ai vu ces baraquements, parcouru les salles rassemblant valises, habits, lunettes des déportés, mais j'ai surtout écouté le silence du lieu. Un silence dense, chargé des paroles, des cris, des prières et des supplications des déportés.

Faire entendre ces voix. Toutes ces voix.

Auschwitz. J'y reviendrais des années plus tard pour la famille Arnstein. Pour un pèlerinage, un devoir rendu, une immersion et un dialogue silencieux avec celles et ceux qui ne sont plus. À l'image de Ruth la Moabite, ce peuple était devenu mon peuple : « *Amekh Ami* »[5]. Ton peuple, mon peuple.

« Sais-tu que ton grand-père a protégé des Juifs pendant la guerre ? »

Paris, 27 janvier 2011. En ce glacial et brumeux matin, la porte de l'appartement du boulevard de la Saussaye s'ouvre sur le visage radieux et la silhouette légèrement courbée de Marion. Nous traversons le petit couloir, et entrons dans un salon où nous attend Gilles, son mari. Un homme distingué, au discours choisi, d'une paisible gentillesse, qui distille avec soin et humilité sa culture et son savoir encyclopédique.

Les rayons de la bibliothèque qui recouvre la paroi plient sous les catalogues d'art d'exposition, les livres et guides portant sur tous les pays du monde, les ouvrages historiques, livres anciens et œuvres classiques. Dans le vestibule et disposées dans le petit salon, des sculptures racontent le parcours et le travail des mains, qui ont pénétré, guidé, façonné la matière. Ce logement raconte une vie riche des connaissances recueillies lors de leurs nombreux voyages. Un univers plutôt éloigné de celui de mon grand-père.

Quel lien avait-il pu réunir ces réalités si opposées, ces existences que rien ne prédestinait à la rencontre ?

Je plonge mon regard dans celui de Marion, me concentre sur sa voix, conscient de l'importance et de la valeur de chaque mot qu'elle prononce. Moment à la fois intense et troublant, presque impudique. À travers elle, ce grand-père, protégé jusqu'ici par son statut patriarcal, pastoral, me révélait, contre son gré peut-être, dans un appartement de Neuilly, la face cachée de son existence. Ce secret soigneusement enfoui se réveillait, refusant l'absence et la disparition, cherchant un dépositaire.

— Je sais tout ce que votre grand-père a fait pour ma famille, je lui en suis très reconnaissante. En dépit des risques, il a accueilli mon oncle et ma tante, et considéré leur fils comme l'un des siens. Jamais je ne pourrai assez remercier, en y pensant encore aujourd'hui après tant d'années, votre grand-père et les siens, d'avoir protégé et sauvé les derniers membres de ma famille.
— Pardonnez-moi, Madame Van Eck, mais je ne comprends pas. Pourquoi les « derniers membres » ?
— Ma famille et moi avons été déportés… à Auschwitz.

Déportés. Auschwitz.

Silence. Marion avait donc connu l'enfer. Ici, maintenant, dans son salon, nous effleurions délicatement son passé, tout en prenant garde de ne réveiller ni douleurs ni menaces.

Je compris à cet instant que, sans l'intervention de mon grand-père, les Heller auraient pu connaître le même sort.

Désormais, trois familles entraient en jeu, comme des repères disposés par hasard sur une carte. Ils me paraissaient reliés par un fil encore invisible. Quels itinéraires de vie les avaient ainsi rapprochés, réunis ? À ce stade, je me sentais démuni face à ce désert. Un sentiment ambivalent m'étreignait : d'un côté, la certitude et le désir de me mettre en route ; de l'autre, l'absence de direction, de jalons et d'informations substantielles.

Refuser la stagnation. Avancer.

Mon intention première était de mener l'enquête sur le destin croisé des familles Heller et Zbinden : percer les secrets de ce sauvetage, faire toute la lumière sur les zones d'ombre, identifier les mobiles, explorer les lieux et les temps, retrouver des pièces à conviction, donner la parole aux témoins, ressusciter cette histoire menacée par la nuit de l'oubli, et le brouillard des mémoires.

« Déportés. » Un mot poignard, un mot de glace, un mot de honte, un mot pluriel, un mot de larmes. Prononcé par Marion, cet aveu intime dévoilait une piste inattendue, mais nécessaire : mon investigation ne pouvait faire l'impasse sur sa famille. Je devrais désormais intégrer dans mon équation son parcours. Comme une évidence, comme un devoir d'honneur.

Je repense à la théorie de Campbell et à sa métaphore des trois chemins s'offrant à chaque individu pour sa vie : rester dans le village, s'exiler dans les terres arides ou entreprendre un voyage de transformation et d'initiation. Dans cette dernière option, il identifie douze paliers incontournables, dont l'appel et le passage d'un seuil ouvrant sur l'aventure.[6] Je venais de les vivre : après avoir entendu l'appel lancé par mes tantes, j'avais choisi d'y répondre et franchissais à l'instant, au sens propre et figuré, le seuil de Marion. Il n'était désormais plus question de revenir en arrière. Il me fallait avancer en territoire incertain et inconnu.

Des pans entiers de vie jusque-là recouverts de pudeur et de silences me seraient bientôt dévoilés. Archéologie familiale, secrets d'Histoire.

Dans l'atmosphère paisible de ce salon, la vie de la famille Arnstein-Van Eck se greffait peu à peu sur la mienne. En protégeant – sauvant peut-être – son oncle, sa tante et son cousin, mon grand-père avait annoncé et préparé ma rencontre avec Marion.

— Pourrais-je me permettre de vous adresser une question ? Comment avez-vous pu retrouver ma trace et celle d'Alexandra ?

Alexandra. Elle avait été mon premier témoin. Ma première surprise, un de ces rebondissements extraordinaires qui ne cesseraient de ponctuer cette incroyable enquête.

Une année plus tôt, l'évocation par mes tantes de l'action de mon grand-père avait fait surgir des questions élémentaires et urgentes : qui étaient ces Juifs qu'il avait protégés ? Connaissaient-elles leur nom ? Vivaient-ils encore ? Leurs réponses, maigres indices, furent plutôt évasives.

— C'était une famille d'artistes juifs, d'origine allemande. Les Heller. Leur fils a été accueilli comme l'un des nôtres. Pierrot, c'est comme ça que nous l'avons appelé. Il s'appelait en fait Peter. Après la guerre, il est parti pour les USA. Je crois qu'il est devenu artiste, peintre peut-être, à New York peut-être.

Un nom de famille, un prénom, une ville... Les trois premières pièces du puzzle, les trois premiers relais d'une course contre la montre.

Sans attendre, je griffonnai ces quelques informations et résolus de rechercher la trace de Peter Heller, le petit Pierrot. Où pouvait-il être aujourd'hui ? Je décidai d'établir une liste des galeries, lieux d'expositions, d'artistes mentionnant le nom de Heller. New York est une planète. S'enchaînèrent des jours, des nuits, des semaines et des mois à répertorier noms, adresses et numéros de téléphone. J'écrivais, je téléphonais, je tâtonnais.

Je traque, je dépiste, jeu de piste.

Leila Heller Gallery. Ma première tentative. Peter y avait-il exposé ? Un lien familial l'y rattachait-il ? En ce mois de novembre 2010, hasard ou coïncidence, la galerie présente une exposition appelée « Illuminations ». La couverture du catalogue affiche une œuvre de Christian Boltanski, un artiste luttant contre l'oubli et l'absence, un homme habité par la Shoah et le souvenir des victimes... Malgré ce clin d'œil troublant, le verdict sera sans appel. Peter Heller n'avait aucun lien avec le 78th Madison Avenue.

Heller après Heller, je tentai de trouver le moindre indice me rapprochant de Peter, armé d'un texte introductif plutôt sommaire dont les quelques phrases maladroites me reviennent maintenant à l'esprit.

J'ai découvert récemment que mon grand-père, un pasteur suisse, avait sauvé et protégé une famille juive du nom de Heller, dans le sud de la France pendant la Seconde Guerre mondiale. Peter, leur fils, est devenu peintre, après ses études aux États-Unis. Il pourrait vivre dans la région de New York. Je suis à la recherche de toute personne qui pourrait me fournir des informations à son sujet. *

Je croisai le chemin de Peter Heller, expert fiscal ; Peter Heller, professeur ; Peter Heller, financier. Peter Heller, romancier, auquel j'adressai mon message, sans savoir qu'il était un auteur à succès. Là encore, ce fut un échec, malgré la réponse cordiale et encourageante de l'écrivain, me souhaitant plein succès dans mes recherches.

À chaque refus, à chaque fausse piste, un nom biffé. J'élargissais progressivement mon périmètre de recherche, touchant désormais les États voisins. New Hampshire, Vermont. Agent immobilier, expert en communication, collectionneur d'art, juriste, chirurgien esthétique, journaliste, entrepreneur, architecte. Un inventaire où Heller rime avec Prévert. Et toujours le secret

---

* Note de l'éditeur : pour simplifier, les textes et dialogues en anglais sont rapportés ici en français.

espoir de dénicher la perle rare, le Graal. Peter, Pierrot, où as-tu disparu ?

Il devait rester en ce soir de novembre un, peut-être deux noms au bas de ma liste. Christine Heller, Bedford, New Hampshire, Alexandra Heller, Brick House Book Shop, Morrisville, suivis de numéros de téléphone trouvés sur le Net. Ce dernier nom attire mon regard. Il est tard à Lausanne, ce doit être l'après-midi dans le Vermont. Un ultime essai, comme un baroud d'honneur. Serais-je contraint de refermer ce dossier à peine ouvert ?

Au fond de moi, un cri m'en empêchait.

Une fois encore, je composai un numéro inconnu. Une voix féminine, d'un certain âge, me répond. Fidèle à un scénario bien rodé, je me présente et résume en deux ou trois phrases mes attentes.

— Bonjour, je m'appelle Luc Zbinden ; je suis le petit-fils de Paul Zbinden qui était pasteur dans le sud de la France. Pendant la guerre, mon grand-père a protégé et sauvé une famille du nom de Heller, le fils se prénommait Peter. Il serait devenu artiste dans la région de New York. Connaîtriez-vous ces personnes ? Disposeriez-vous d'informations pouvant m'aider à les retrouver ?

Mon interlocutrice ne répond pas. La ligne est-elle coupée ? Après d'interminables secondes, elle reprend enfin la parole. En un instant, les rôles s'inversent : Alexandra Heller me questionne et me demande, sur un ton ferme et posé, un certain nombre de précisions :

— Où habitez-vous ?
— Où habitait votre grand-père en France ?
— Vous souvenez-vous du nom de ce village ?
— Vous avez parlé de ses fils et filles, quels étaient leurs noms ?
— Quand tout cela est-il arrivé ?
— Comment avez-vous retrouvé ma trace et mon numéro ?

À l'enquêteur de justifier son statut, de donner crédit à ses recherches.

Temps de silence. Pause et soupir dans ce pas de deux, prudent et respectueux. Puis ces mots, que je n'oublierai jamais :

— Je suis l'épouse de Peter Heller. Mon mari m'a beaucoup parlé de votre grand-père.

J'avais retrouvé l'épouse de Peter, dit Pierrot ! Alexandra Heller, artiste et propriétaire d'une librairie dans une petite ville du Vermont. Nous étions à plus de 500 kilomètres de New York…

D'un seul coup, mon enquête reprenait son souffle. Peter Heller n'était ni une légende familiale ni un mythe. Peter avait existé et rencontré mon grand-père. Je m'en rapprochais. Alexandra me confirmerait qu'il avait échappé au pire, grâce à un pasteur suisse, un certain Paul Zbinden, exilé lui aussi au cœur des Cévennes.

Les minutes qui suivirent furent d'une rare intensité. Je voulais tout connaître. En guise d'ouverture, Alexandra m'annonça que Peter était subitement décédé huit ans plus tôt, qu'il était bien artiste peintre et qu'il avait travaillé sur ses œuvres jusqu'à sa mort. Ses parents, Hans et Ingrid, avaient émigré aux États-Unis après la guerre.

Fébrilement, je relevais chaque bribe d'informations. Une histoire familiale tue, dissimulée sous la discrétion et l'humilité, se dévoilait peu à peu. Et ce sentiment étrange d'une appartenance plus large, s'ouvrant et fécondant d'autres régions et cultures. Le mince fil que je tenais avec un soin presque sacré se renforçait à chaque mot, consolidé et complété par mes échanges avec Alexandra, puis avec Marion. Des brins devenus attaches. Des attaches se faisant amarres.

La voix d'Alexandra :

— Merci beaucoup d'avoir pris contact avec moi. Je suis profondément émue par votre appel ! Penser qu'après soixante-quinze ans, vous connaîtriez cette histoire et que vous seriez capable de me retrouver ! Vous avez dit que vous aviez 48 ans. Stephen, mon fils, aura 48 ans en janvier. Ma fille Diane a 45 ans. Savez-vous que Peter a une cousine, Marion Arnheim (sic) Van Eck, la sœur de Hans Heller. Elle et sa sœur ont été les seules de cette famille à survivre à Auschwitz. Après la guerre, elle a vécu avec les Heller à Forest Hills, New York. Je pense qu'elle vit maintenant à Paris. Elle a un fils. Vous pourriez peut-être essayer de la retrouver. Parlez-moi de vous, de votre famille et de ce que vous faites. Peut-être pourriez-vous me rendre visite, ainsi qu'à Stephen, qui vit à Burlington.

J'ai voulu me tenir devant la maison d'Alexandra et de Peter, pour voir et comprendre. À défaut de pouvoir y pénétrer, j'ai trouvé des images de cette jolie demeure en briques rouges. Un air de cottage en Nouvelle-Angleterre. La bâtisse est bordée de grands arbres, entourée d'une pelouse soignée. Deux étages. J'imagine l'atelier de Peter, dont les fenêtres aux cadres clairs laissent pénétrer la lumière naturelle. Un écriteau aux grandes lettres blanches sur fond rouge brique marque l'entrée de cette oasis. Deux routes de campagne se répondent au coin de la propriété, Morristown Corners Road et Stagecoach Road. Morristown, Stagecoach, des noms qui réveillent un temps aujourd'hui oublié.

Ce réflexe qui m'a conduit à retrouver la maison d'Alexandra illustre parfaitement une des mystérieuses et inexplicables constantes de ma quête. Comment parvenir à faire de leurs pas les miens, à sentir les parfums et les odeurs qui avaient constitué l'essence de leur vie, ouvrir les yeux sur ce que leurs regards avaient pu croiser ?

Pourquoi cette osmose, cette soif inextinguible de détails, et cette nécessité de recomposer leur existence ? Aujourd'hui encore, je m'interroge. Responsabilité ? Peut-être. Redevabilité ? Sans aucun doute.

Je dois ce récit à ceux à qui l'on a refusé le droit de transmettre, de raconter.
Je le dois aux victimes innocentes, effacées.
Je le dois à celles et à ceux qui n'ont pas pu dire au revoir.
Je le dois aux acteurs de cette incroyable et émouvante histoire. Celles et ceux dont je retrace des parcours elliptiques et lacunaires, à qui j'aurais voulu parler, dont j'aurais voulu entendre la voix.
Je le dois à mon grand-père, cœur et âme de mon enquête. Lui que j'ai connu, lui dont j'ignorais les secrets. Lui avec lequel je tisse un lien étrange, *in absentia*, comme une relation rêvée, empêchée de son vivant, maintenant autorisée.
Je le dois à Marion, à sa résilience, à son affection, aux siens.
Je le dois à Alexandra, à celle que j'entends et que je lis, et que je ne rencontrerai vraisemblablement jamais.
Je le dois comme un dialogue avec les disparus.
Je le dois à leurs descendants.
Je le dois à ma vie, pour m'ancrer dans un héritage, pour réaffirmer, consolider ce qui me constitue aujourd'hui.

Mon enquête faisait resurgir du passé des séquences et des êtres. Elle dessinait progressivement un paysage, ponctué de noms et de lieux ; elle écrivait un drame pour des acteurs qui m'étaient encore inconnus, mais qui attendaient patiemment en coulisses leur entrée en scène.

Deux jours après cet appel téléphonique, je recevais en effet un e-mail d'Alexandra :

> *Cher Luc, il y a de nombreuses années, dans les années 1960 je crois, Peter et moi sommes allés à Saint-Jean-du-Gard, et il m'a montré la petite maison où il avait vécu, et le chemin qu'il prenait chaque jour pour aller à l'école. Il m'a également emmené dans un magasin qui était toujours tenu par la même*

famille – leur fils, qui avait été un de ses camarades de classe, l'avait fait souffrir.[7]

Ce douloureux épisode de harcèlement et de brimades se montrerait extrêmement traumatisant et jouerait un rôle majeur dans la rencontre de Peter avec la famille du pasteur Zbinden.

Peter s'est ensuite rendu seul chez son ancien professeur d'école qui était encore en vie. Nous avons passé la nuit dans un hôtel. Lorsque les Allemands sont arrivés à Saint-Jean-du-Gard, ou était-ce avant, le père de Peter a été envoyé dans un camp de concentration. Peter et sa mère étaient cachés dans une bergerie qui appartenait à un vieil homme, un anarchiste, qui élevait des chèvres et qui avait l'habitude de parler de politique avec Peter : il a eu une grande influence sur la pensée de Peter. Il avait l'habitude d'apporter de l'huile d'olive, de l'ail et des champignons et de cuisiner tout cela pour eux – un délice inoubliable, mais peut-être pas idéal pour les estomacs affamés. Lorsque, après la guerre, ils sont arrivés aux USA, Peter (âgé de 17 ans) avait encore le gros ventre d'un enfant qui souffre de malnutrition. Je me souviens également que lorsque les Allemands sont arrivés à Saint-Jean-du-Gard, Peter devait marcher chaque semaine de la bergerie jusqu'à la ville pour aller chercher de la nourriture. Une marche très dangereuse, car il y avait des Allemands partout. Les habitants de la ville veillaient sur lui et ne l'ont jamais trahi. Chaque fois qu'il faisait cette longue marche, les semelles de ses sandales en carton se détachaient, ou bien la lanière se cassait et le cordonnier en mettait de nouvelles.[8]

Une cachette dans les montagnes. L'emprisonnement de son père. Un berger anarchiste. La présence des soldats allemands. Le cordonnier. Le chemin emprunté par le petit Peter.

Tout épisode, tout personnage représentaient une nouvelle piste sur laquelle j'allais devoir m'engager. Ces indices, encore trop approximatifs, méritaient d'être étayés et prouvés.

Alexandra égrenait lieux et noms, par bribes. Elle paraissait heureuse de pouvoir enfin les libérer, ou peut-être les retrouver et dialoguer avec ce qui n'était plus. Vraisemblablement en latence depuis le décès de Peter, ces souvenirs semblaient ressusciter, sortir de l'ombre. Passage de flambeau.

Surgit alors, au détour d'une phrase, le père de Peter :

> *Peter m'a raconté que son père avait été enfermé dans un camp de concentration français. Je ne sais pas exactement quand le père de Peter, Hans, a été envoyé dans le camp. Je ne sais pas combien de temps il y est resté, je sais seulement qu'il s'est évadé.*[9]

Entrée en scène de Hans Heller. Emprisonnement ? Évasion ? Mythe, approximation mémorielle ou réalité ? Quelle vérité historique pourrait-elle venir consolider les paroles d'Alexandra ?

Ce que je croyais jusque-là n'être qu'une recherche sur un mystère familial m'attirait maintenant dans une arborescence, dont le tronc commun portait le nom de Paul Zbinden. Ses ramifications – Arnstein, Heller, Van Eck – m'invitaient à me frayer un chemin dans une frondaison inconnue, toujours plus loin dans leur temps.

Chaque indice exigeait sa preuve, chaque piste sa vérification.

Sherlock Holmes dans *A study in Scarlet* explique au Dr Watson que le cerveau d'un homme est comme un petit grenier qu'il s'agit de garnir au gré de nos souhaits. Mon esprit se remplissait justement de meubles dont je ne connaissais ni l'histoire ni les propriétaires. Il ressemblait au mur du célèbre détective dans la série TV éponyme : une scène du *Cercueil vide* le représente devant cette paroi couverte de cartes, de photos et de pistes envisageables, reliés par des fils ou des traits de crayons.

Mon premier champ d'investigation serait celui de la famille Heller. Hans, Ingrid et Peter.

La deuxième piste s'imposait : celle de Marion, de ses parents, et de ses sœurs. Contrepoint tragique au sauvetage des Heller.
Le troisième dossier serait celui consacré à mon grand-père. Comment avait-il pu croiser le chemin d'artistes juifs dans l'un des endroits les plus reculés de France sous l'Occupation ? Comment avait-il été amené à les cacher ? Et combien de temps ?
Enfin, il me faudrait me pencher sur le petit Peter : dans quelles circonstances avait-il rencontré mon Paul Zbinden ? Avait-il connu mes oncles et tantes ? Dans l'affirmative, avait-il gardé un lien avec eux après la guerre ?

Seul, face à l'Histoire, face à l'inconnu, je prenais le pari illusoire et risqué de compléter un mur encore vierge d'images et de preuves. En vérité, je n'avais rien, et voulais tout.

Déterminé, je m'apprêtais dès lors à exploiter signes, mots et images. Je m'engagerais bientôt sur « les chemins noirs », ces passages oubliés, silencieux et secrets ; j'arpenterais les sentiers de traverse, mémoriels, pour ouvrir voies et voix.

Ce qui suit raconte mon voyage.

II

Requiem pour un réfugié

Ma première tentative de dessiner l'itinéraire de Hans Heller fut peu concluante et aboutit à une fausse piste. Ne disposant que du nom de famille et du prénom de ce compositeur, vraisemblablement protégé avec son fils et son épouse par mon grand-père, je trouvai la trace d'un certain Hans Ewald Heller. Tout me portait à croire qu'il s'agissait là de « notre » Hans Heller. Artiste juif, né en 1894, prisonnier au Camp des Milles, puis quittant la France pour les États-Unis. Ces éléments paraissaient correspondre aux premières informations dont je disposais.

Je me rappelle avoir soumis le fruit de mes recherches, non sans une indéniable fierté d'ailleurs, à Gilles et Marion Van Eck. Leur verdict fut sans appel. Il ne s'agissait pas de l'oncle de Marion. Ma marge de manœuvre était bien étroite, car il n'existait alors aucun document sur Hans.

Très vite, je me trouverais confronté à ce sentiment frustrant d'être entraîné dans des impasses, y abandonnant des espoirs reposant sur un lieu, un nom ou une date. J'apprendrais dans le même temps à me laisser surprendre par les rebondissements inattendus, les coups de théâtre, qui se succéderaient aux moments clés, contre toute attente. Comme si ces coïncidences s'étaient donné le mot, mobilisées sur les ordres d'un maître d'œuvre.

Je me rappelle avoir lu une explication étymologique du *terem* hébreu utilisé pour parler de miracle. Ce mot signifie aussi le drapeau, le signe. C'est ainsi que je considère aujourd'hui ces balises placées sur ma route par Celui qui veillait à ce que je ne m'égare pas.

Je repris donc ma quête. Et toujours cette question obsédante : qui était Hans Heller et comment s'était-il retrouvé, avec son épouse et son petit garçon, dans le sud de la France ? J'interrogeais la toile et récoltais méticuleusement les souvenirs de Marion à chacune de nos rencontres ou lors de nos échanges téléphoniques. Elle me parla d'un cousin, Wolfgang, historien, habitant à Berlin. Celui-ci s'enthousiasma pour mon projet et m'envoya immédiatement une lettre manuscrite de Hans Heller qu'il avait conservée et qu'il s'était empressé de traduire. Un fragment de puzzle témoignant du lien très particulier que l'artiste entretenait avec mon grand-père.

Berlin, le 22 août 1953

Cher fils !
Nous avons quitté Baden Baden le 8, nous avons été en Suisse (à deux heures de Lausanne pour rencontrer Hédi à Genève).
Le 15 et le 16 nous avons été chez papa Zbinden à Saint-Sulpice près de Lausanne et puis nous n'avions plus d'argent.
Nous n'avons pas pu attendre la fin de la grève ! On est retourné par Francfort directement chez Muschi [Schreker à Berlin]

Une note accompagnait cette lettre : *Hans l'appelle tendrement « Papa Zbinden ». C'est évident qu'il a joué un grand rôle dans la survie de la famille Heller et que chez lui, ils se sont sentis à l'abri.*

Comment expliquer des termes si affectueux et intimes sous la plume d'un homme habitué à la mesure ?

Connecting the dots, dit-on en anglais. Faire des liens, en français.

C'est donc à tâtons, mot à mot, indice après indice que je pus retrouver Hans Heller. Hans Hermann, et non Ewald, Heller était né à Greiz, en Allemagne, en 1898. Il avait une sœur, Emilie, de deux ans son aînée, la mère de Marion. Détail important sur lequel je reviendrai ultérieurement, la mère de Hans et Emilie

Heller était née Levi. Ce nom de tribu biblique resurgirait en effet des années plus tard dans un petit salon de Saint-Jean-du-Gard…

Hans, né au sein d'une famille juive plutôt libérale, développa très tôt des talents musicaux précoces, tant au violon qu'au piano. Mobilisé dès son dix-huitième anniversaire, soit en 1916, il sera blessé au bras par un éclat d'obus, me raconta un jour Marion.

La Première Guerre mondiale brisa ainsi son rêve de carrière pianistique. Fracture bientôt réparée par l'amour, le charme et la distinction d'Ingrid Eichwede, issue de la bourgeoisie protestante de Hanovre, qui entra dans sa vie dès leur rencontre au conservatoire. Le petit Peter naît en 1929, deux ans après leur mariage.

J'ai retrouvé les traces d'Ingrid et Hans à Berlin, où le jeune couple suit les classes de Franz Schreker. Cette rencontre serait déterminante pour le duo, tant sur le plan artistique que personnel. Le voile obscur de l'antisémitisme s'apprêtait à recouvrir la scène musicale berlinoise.

Ce spectre menaçant, Hans y avait été confronté dès son plus jeune âge. Peter son fils l'évoquera dans une lettre : « *À l'âge de huit ans* [...], *on criait régulièrement sur mon père en le traitant de sale juif, de roi des juifs, etc. Son père était un taureau d'homme. Hans lui était petit et fragile. Il ne pouvait donc pas se défendre. Le père Heller devait donc aller passer une bordée à ces "bandits", de sa voix de stentor. C'est ainsi que tout a commencé.* »

En 1932, le professeur de Hans, son mentor, Franz Schreker, victime d'une cabale antisémite menée par deux violonistes, est poussé à la démission de son poste de directeur de l'Académie de Musique de Berlin qui avait pourtant pris une envergure et une stature exceptionnelle sous sa conduite. En octobre de la même année, lors de la représentation de sa dernière création à Charlottenburg, Schreker s'apprête à saluer le public : huées, sifflets, ricanements lui répondent. Le poison se répandait. Un de ses anciens étudiants le décrit alors comme « un photographe juif de banlieue ». Ses ultimes engagements seront résiliés dès la victoire de Hitler qui devient chancelier en janvier 1933. La violence antisémite se propage dans plusieurs villes allemandes. Pour Franz Schreker, la coupe est pleine. Inquiet, humilié, rejeté, boycotté, insulté, il succombe à une attaque cardiaque le 21 mars 1934.

Éveillé dès son plus jeune âge aux périls du nazisme, Hans prend la décision de quitter l'Allemagne pour rejoindre Paris en 1933.

Une lettre écrite en 1961 par Hans Heller à son neveu Wolfgang, déposée aux archives de l'Académie des Arts de Berlin, m'a permis de prendre conscience de sa réflexion éclairée et lucide sur l'antisémitisme : « *Bien que les Juifs n'aient pas été et ne soient pas prosélytes et qu'ils rendent même difficile l'accès à leur communauté religieuse, et bien qu'ils n'aient jamais représenté de facto un danger direct pour l'existence des systèmes politiques, ils ont été craints, évités, bannis, persécutés par les princes de l'Église et les princes laïcs ; l'antisémitisme religieux et l'antisémitisme politico-racial se sont propagés à travers deux millénaires et ont pesé sur toutes les générations, des premiers pères jusqu'aux fils de notre époque.*

La résistance a bien sûr toujours existé, mais elle se limitait aux cercles les plus étroits de l'élite intellectuelle ; en Allemagne notamment, elle n'a même pas pu dépasser les masses plus larges de cercles d'érudits et de public cultivé. Les mauvaises graines de ce poison de haine qu'est l'antisémitisme ont même paralysé la force de volonté des personnes qui voyaient cette injustice et la rejetaient !
C'est ainsi que la génération responsable de l'entre-deux-guerres s'est laissé hypnotiser par le monstre Hitler comme des animaux sans défense par un serpent ! Les meilleurs esprits, les personnes les plus intègres ont certes reconnu le danger, mais ne se sont pas défendus. Rien n'a été fait.
Il ne faut donc pas s'ériger imprudemment en juge d'une seule génération qui n'est pas plus coupable que les innombrables générations de deux millénaires précédents, et qui n'ont pas pu se libérer du poison insidieux d'un antisémitisme tout aussi ancien, qui paralysait même leur savoir et leur meilleure volonté. »[10]

L'humiliation de l'exil forcé fut encore aggravée par le paiement exigé de la taxe d'émigration, *Reichsfluchtsteuer*, qui privait dès lors Hans et Ingrid du quart de leurs biens.

C'est à l'avenue de Versailles, dans le 16e arrondissement, qu'ils s'installent, disposant d'une pièce sous les toits où Hans peut composer. Le soir, il retrouve son épouse et son fils, et leur joue les créations du jour, en buvant un cognac.

Depuis ma première rencontre avec Marion, la confiance, l'affection, parfois la confidence, avaient fini par trouver leur place. Cœur et mémoire s'étaient ouverts. Parmi les photos éparses, rassemblées à l'occasion de mes visites, me revient celle de la famille Heller, prise par une belle journée d'été.

Marion, au détour de la conversation, m'apprend que le musicien et sa famille avaient retrouvé en France sa sœur, Emilie, elle aussi réfugiée, avec son mari, Hermann, et leurs trois filles, Marion, Hedwige et Irma.

Combien de fois ai-je compté les étages des anciens immeubles de l'avenue de Versailles et tenté de localiser l'appartement des Heller ? Je finis par trouver une adresse, sur une pièce d'identité, le n° 25. L'examen approfondi de cette nouvelle piste me dirigea vers de troublantes coïncidences : l'architecte du n° 25 était Jean Ginsberg, issu d'une famille juive polonaise, qui signait là sa première réalisation parisienne en 1931... C'est dans un des immeubles qu'il avait conçus, au n° 42 de la même avenue, qu'il se cacha pendant la guerre... Son partenaire sur ce projet n'est autre que Berthold Lubetkin, un camarade architecte rencontré à Varsovie, Juif lui aussi. Hanté par la mort de ses parents pendant l'Holocauste, Bertold semble avoir occulté son judaïsme toute sa vie.

Dans ce labyrinthe de miroirs, un éclat de hasard reflète ma quête personnelle : pour quelle autre raison me serais-je arrêté sur le parcours de Berthold Lubetkin, ou plutôt celui de sa fille, Louise Kehoe ? Face au mutisme de son père, Louise tentera de rassembler les pièces d'une histoire familiale dont elle ramène à la surface les non-dits et vérités enfouies. Cette obstination, cette conviction que le brouillard masque des héritages ou vérités qu'il convient de confronter, de recevoir, de déposer ou porter pour poursuivre sa route. Pour Louise Kehoe, ce fut une photographie des ruines d'une maison à Varsovie, qui, parmi les décombres, laissait entrevoir un détail, devenant clé de compréhension de son père, puis de sa propre enfance. Un objet agissant à la fois comme révélateur et fixateur, au milieu de nos tâtonnements. Une arme pour contrer le silence et les secrets. Pour moi, il s'agira d'un carnet, « pauvre et sans apparence », sans prétention et presque insignifiant : mais, écrin d'une perle de grand prix.

Hans Heller envisagera la traversée et l'immigration vers les États-Unis pour lui et sa famille en 1941, mais, à la suite de l'attaque japonaise sur Pearl Harbor et de l'entrée en guerre des États-Unis, son projet échouera.

Les conditions de vie des Heller semblent s'être dégradées plus rapidement que prévu ; il faut tenter de survivre : Hans et Ingrid donnent quelques cours de musique, puis se voient contraints de vendre leurs bijoux de famille. C'est dans cette période que Hans composera « Les Aveugles », d'après le poème de Baudelaire : ceux qui vivent dans l'obscurité, le silence et la solitude semblent dotés d'une lucidité refusée à leurs contemporains, victimes de cécité morale. Sombre prophète, l'artiste poursuivi par l'antisémitisme annonce la tombée de la nuit.

Suivre Hans Heller allait m'entraîner dans une réalité plus sinistre encore, et me réserver bientôt une révélation de taille. Alexandra avait mentionné un camp de travail ; Marion se souvenait d'une visite faite à son oncle alors que celui-ci « travaillait dans un camp à Sanary, ou ailleurs, dans le sud de la France ».

Une force intérieure me refusait halte, immobilité, contentement ou satisfaction.

Raconter Hans Heller, comme pour les autres acteurs de cette histoire, c'est d'abord accepter de partir à vide, de naviguer à vue, de laisser sa feuille de route se nourrir de chaque révélation. Dans mon cas, je ne disposais d'aucun document sur Hans Heller. Aujourd'hui d'ailleurs, la seule biographie plus ou moins exhaustive de Hans Heller, rédigée par un éminent pianiste berlinois, trouve bon nombre de ses sources dans certaines de... mes recherches et découvertes.

J'ai évoqué plus haut les clins d'œil du ciel, les surprises et les coups de théâtre qui ont jalonné ma quête, et me surprennent encore aujourd'hui. L'épisode qui suit en offre un excellent exemple.

Automne 2021, je parcours les rayons de la librairie du Musée du Désert, et feuillette les pages des mémoires d'un peintre juif dans la France des années 40, en espérant y dénicher quelques clés sur le quotidien d'artistes juifs pris dans la tourmente et comprendre d'un peu plus près la réalité expérimentée par Hans Heller.

De nombreux croquis réalisés par l'auteur, Jacob Barosin, illustrent son témoignage. Soudain, un portrait m'arrête. Pleine page. Il fixe le lecteur. Regard triste, mais déterminé. Crâne légèrement dégarni. La fermeture éclair de ce qui s'apparente à une vareuse laisse entrevoir un nœud papillon. Une date et un lieu en guise de titre, « Langlade, 1940 », puis « Portrait d'un co-détenu de Langlade »[11]. Ce visage anonyme se fixe en moi.

Sans attendre, j'achète le livre et envoie une copie du dessin à Wolfgang, le neveu de Hans Heller. Enthousiasmé, il me confirme qu'il s'agit bien de son oncle. À ses yeux, la découverte est exceptionnelle, unique même, car elle nous offrirait la seule image représentant Hans sous l'Occupation.

Langlade. Une source dans mon désert. Enfin.

Un envoi en provenance de Berlin vient compléter et confirmer cet épisode : une autorisation de sortie sur un petit papier jauni, les rubriques officielles de la machine à écrire sont remplies à la main. La signature d'un officier traverse le cercle mauve du cachet de l'État français.

Journée du 9 août 1941
Permission
Il est permis au prestataire, Heller Hugo
(le nom est inscrit d'une main maladroite, le fonctionnaire fait erreur sur le prénom de Hans)
d'aller à Nîmes – Sommières.
Il devra rentrer le 10 août 1941 à 21 h.
Langlade, le 9 août 1941
304e Groupe de T.E
Le Commandant

Hans dépendait donc du groupement des travailleurs étrangers, basé à Beaucaire. Dès 1939, le gouvernement, par décret, plaçait les apatrides et étrangers sous le statut de « prestataires », comme travailleurs au service de l'armée française. Ils furent dès lors engagés dans des compagnies de travailleurs étrangers (CTE) puis en groupes de travailleurs étrangers (GTE). Par les tâches qui leur étaient assignées, ils devaient contribuer à l'effort de guerre. Ces groupes de travail compensaient aussi le manque de bras, et se retrouvaient chargés de travaux d'entretien de routes, d'agriculture, de bûcheronnage. Le Journal officiel du 16 avril 1939 stipule :
« Article 2 : Les étrangers sans nationalité et les autres étrangers bénéficiaires du droit d'asile, sont soumis à toutes les obligations imposées aux Français par la loi du 11 juillet 1938 sur l'organisation de la nation en temps de guerre. Ils peuvent faire l'objet de réquisitions individuelles ou collectives, générales ou locales, fondées sur la nationalité, sur l'âge ou sur la profession.
Article 3 : Les étrangers sans nationalité et les autres étrangers bénéficiaires du droit d'asile, du sexe masculin, sont assujettis, de vingt à quarante-huit ans, dans les conditions fixées par les lois de recrutement, à fournir, dès le temps de paix aux autorités françaises, pour une durée égale à la durée du service imposé aux Français, des prestations dont le caractère et le mode d'exécution sont déterminés par décret. »

Ce système calqué sur celui des soldats appelés sous les drapeaux comportait, sous certaines conditions, le droit à des « permissions », rares et précieuses opportunités pour Hans de revoir ponctuellement sa sœur, ses nièces, et son épouse. Mais, inexorablement, les mailles du filet se refermaient sur Hans et ses coreligionnaires.

Je retrouve une affiche du 23 mai 1940 convoquant tous les ressortissants allemands et étrangers de nationalité indéterminée à rejoindre le stade Buffalo, à Montrouge, spécifiant que ceux qui contreviendraient à cet ordre seraient mis en état d'arrestation. Tragique prolepse des rafles et convois à venir, le communiqué soulignait que les étrangers « devront se munir de vivres pour deux jours et du matériel nécessaire pour leur alimentation (fourchette, cuillère, quart, etc.). Y compris les vivres, ils ne devront pas avoir plus de 30 kilos de bagages. »

Quatre mois plus tard, la mention « Juif » sur tous les papiers d'identité deviendra obligatoire. Le journal parisien *Le Matin*, quotidien collaborationniste et antisémite, affiche en pleine page de son édition du 19 octobre : « Le statut des Juifs est promulgué », et, en sous-titre, « Israël est désormais exclu de toute fonction publique. »

Un article paru en 2005 sur Franz Schreker me livra une information inattendue qui venait souligner la résiliente énergie de Hans Heller : il aurait en effet tenté par plusieurs moyens de rejoindre la British Expeditionary Force (BEF) après le début de l'offensive allemande en France en mai 1940. Hans avait ainsi pressenti le danger, en vain.

Hans Heller avait donc été envoyé à Langlade, près de Nîmes, dans le Gard. Je l'imagine contraint de porter le béret brun, la tenue de travail et la cape distribués à tous les « prestataires ». Rares sont les témoignages racontant Langlade : Jacob f décrit les millions de puces et de punaises investissant les paillasses ; la lutte mentale permanente contre les idées noires et l'incertitude, nourries par les rumeurs, la sous-alimentation et ce sentiment d'insécurité croissante ; la nervosité ambiante venant s'infiltrer, empoisonner et parfois faire éclater au sein du groupe de « travailleurs » des bagarres et rixes pour un petit morceau de pain. Le peintre raconte des « journées dangereuses et menaçantes ».

Pendant ce temps, au cœur des Cévennes, un petit garçon de 12 ans attend son père, dans l'angoisse.

Quelle avait été la durée de l'internement de Hans Heller ? En quels lieux avait-il séjourné ?

Entre 1940 et 1942, je peine à le localiser. Toutes les sources familiales évoquaient une évasion réussie qui lui aurait permis d'échapper au piège conduisant irrévocablement aux camps de concentration. Possible, mais à part les papiers de Langlade, je n'avais aucune autre preuve tangible me permettant de suivre Hans. C'est alors que survint l'un des coups de théâtre les plus étonnants de mon aventure.

Un soir de septembre. Le téléphone sonne. Une voix inconnue se présente : « Bonsoir, mon nom est Mordechai, je vous appelle de Jérusalem. Je possède quelque chose qui pourrait vous aider dans votre enquête. » Qui était cet homme ? Comment avait-il pu se procurer mon numéro privé ? Que pouvait-il bien savoir de ce qu'il appelait mon « enquête » ? Je crus d'abord à une escroquerie. Était-ce une tentative frauduleuse d'obtenir mon numéro de carte de crédit ou mes coordonnées bancaires ?

Méfiance.

Mon interlocuteur poursuivait. « Je sais que vous cherchez des informations au sujet de Hans Heller, et je détiens une lettre qui le concerne. » Je n'y comprenais plus rien. Non seulement, Mordechai était au courant de mes fouilles, mais il mentionnait maintenant Hans, au moment même où je cherchais à élucider le mystère entourant ses internements dans le sud de la France ! « Je peux vous envoyer une copie de la lettre si vous le souhaitez. Vous n'aurez rien à payer. »

Je me souviens lui avoir donné mon adresse e-mail, presque naturellement, comme saisi d'une confiance en cette voix si énigmatique. De longues minutes, un suspense où se mêlent prudence et espoir. Un document apparaît sur mon écran. Je ne regarde que la signature manuscrite : Albert Einstein !

Séisme, tremblement, incompréhension.

Je tenais ma preuve et, dans le même temps, voyais mon enquête projetée dans une nouvelle dimension. Albert Einstein, la légende de la science, rejoignait les protagonistes de cette saga. La lettre, rédigée en allemand et datée du 5 février 1941, était adressée à un certain Dr Arthur Marcus, 175 Riverside Drive, New York City. Einstein écrivait depuis l'Institute for Advanced Studies à Princeton.

Cher Monsieur Marcus,

Par l'intermédiaire d'amis, j'ai été rendu attentif au cas du compositeur Hans Heller, interné dans un camp de concentration au sud de la France. Il est urgemment nécessaire que lui et sa famille obtiennent sous peu les affidavits nécessaires à l'immigration aux États-Unis. C'est pourquoi je m'adresse à vous, dans l'espoir qu'en votre qualité d'ami de Monsieur Heller, vous serez enclin à permettre que, grâce à votre affidavit, cet homme en grande détresse et sa famille puissent immigrer.
Depuis peu, mes propres affidavits ne sont malheureusement plus acceptés, si bien que je ne peux pas en délivrer un moi-même.
Je vais cependant envoyer une lettre de recommandation au consul, ce qui d'après mon expérience s'avère généralement efficace.
Dans l'attente inquiète de votre prompte réponse, et avec l'assurance de ma considération la plus respectueuse.
Professeur Albert Einstein.

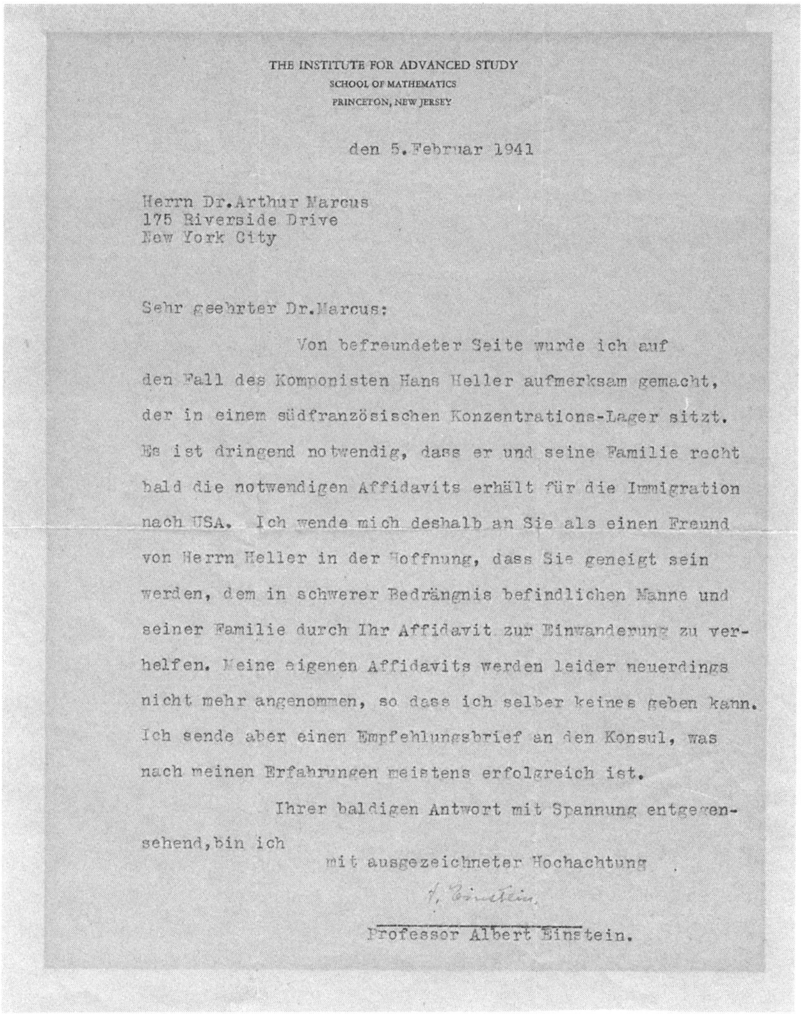

THE INSTITUTE FOR ADVANCED STUDY
SCHOOL OF MATHEMATICS
PRINCETON, NEW JERSEY

den 5. Februar 1941

Herrn Dr. Arthur Marcus
175 Riverside Drive
New York City

Sehr geehrter Dr. Marcus:

Von befreundeter Seite wurde ich auf den Fall des Komponisten Hans Heller aufmerksam gemacht, der in einem südfranzösischen Konzentrations-Lager sitzt. Es ist dringend notwendig, dass er und seine Familie recht bald die notwendigen Affidavits erhält für die Immigration nach USA. Ich wende mich deshalb an Sie als einen Freund von Herrn Heller in der Hoffnung, dass Sie geneigt sein werden, dem in schwerer Bedrängnis befindlichen Manne und seiner Familie durch Ihr Affidavit zur Einwanderung zu verhelfen. Meine eigenen Affidavits werden leider neuerdings nicht mehr angenommen, so dass ich selber keines geben kann. Ich sende aber einen Empfehlungsbrief an den Konsul, was nach meinen Erfahrungen meistens erfolgreich ist.

Ihrer baldigen Antwort mit Spannung entgegensehend, bin ich

mit ausgezeichneter Hochachtung

A. Einstein.

Professor Albert Einstein.

L'éminent savant avait donc cherché à faire sortir Hans Heller de ce piège mortel.

Mordechai m'expliqua qu'il était collectionneur de livres anciens, qu'il s'intéressait en particulier à tout ce qui touchait à la vie du célèbre savant. Il avait eu connaissance de mes recherches et désirait m'aider.

Après la stupeur euphorique, je n'avais d'autres choix que d'élucider la nature des rapports entre les Heller et Einstein. La réponse ne se fit pas attendre. Marion me confirma ce que je n'aurais jamais soupçonné : Albert Einstein était un cousin de la famille Heller-Arnstein !

Je n'étais pas au bout de mes surprises et ignorais que notre physicien resurgirait bientôt de manière imprévisible.

La lettre du cousin Albert n'eut pas l'effet escompté. Hans Heller restera enfermé. Avait-il été alors déplacé au camp des Milles ? Était-il toujours détenu à Langlade ? Ma seule certitude : il ne parvenait pas à quitter la nébuleuse des lieux d'incarcération du sud de la France.

Compte tenu de la forte proportion d'artistes et d'intellectuels internés au camp des Milles, j'ai longtemps imaginé que le compositeur aurait pu y être transféré. Je choisis alors de passer trois jours au hameau des Milles, pour y chercher son nom dans des registres et tenter de ressentir l'ambiance particulière de ce lieu emblématique. Parviendrait-il à me parler de Hans ? Me livrerait-il des clés de compréhension ?

Visiter le camp. Parcourir ses moindres recoins. Cherchant l'ombre ou le fantôme de Hans Heller. Les Milles. Mise en abyme des camps d'extermination, du cynisme, de l'ironie dramatique propre à cette période. Le Jeu de la Mort et du Hasard. Les sous-sols des Milles. Trois mille prisonniers pour un seul robinet d'eau.

Hans, Marion, tant d'autres parviendront à transcender l'horreur par leur volonté et leur détermination. Ces « Armes de l'Esprit », pour reprendre les mots du pasteur André Trocmé, trouvèrent leur expression dans ces fours des Milles, devenus salles de spectacle appelées *Die Katacombe*, où les artistes refusent de ployer sous les coups de la déshumanisation. Une inscription à l'entrée : « *Abends Tages Kasse* », conjurer la mort à guichets fermés. À l'étage supérieur, sous la charpente de béton armé, dans la poussière et la saleté, le dortoir des femmes et des enfants. Des quelques lucarnes, on plonge vers la cour, sur le chemin en gravier qui mène aux rails, aux wagons. On y entend les cris, les pleurs ; on assiste impuissant aux départs. Bruits métalliques des essieux et des freins, le funeste sifflet de la locomotive. *Tempo affannoso e doloroso.*

J'ai traversé la cour brûlante, suivi le chemin de souffrance menant au wagon en bois, figé aujourd'hui sur des rails qui nous rappellent les déportations organisées vers Drancy, puis en direction d'Auschwitz. Sur ses portes coulissantes, des lettres blanches : « Hommes : 40, Chevaux (en long) : 8 ». Rivesaltes ou Drancy, puis Auschwitz.

Hans Heller avait-il été emprisonné au camp de Caronte Lavéra, près de Martigues ? Un camp dont il ne reste plus rien. J'ai appris dernièrement qu'un certain nombre de travailleurs juifs, réquisitionnés pour l'organisation Todt, une société de génie civil et militaire qui supervisait les chantiers de construction des ouvrages défensifs allemands, y avaient été placés avant d'être transférés à Drancy.

Je ne pouvais avancer au rythme de suppositions ou conjonctures fantasmées.

Imprévisible et inespéré, un document me fut adressé par Wolfgang : il m'offrait une réponse fragmentaire, mais ô combien précieuse : dans une lettre rédigée en allemand, datant de 1959, Hans lui-même résumait son parcours. Un chemin de croix, dont Langlade ne fut qu'une des cruelles stations. À ma grande surprise, j'y découvre que le compositeur se retrouve « déporté » (les termes qu'il emploie font écho au traumatisme qui lui est infligé) de septembre 1939 au mois de février 1940, aux Sables-d'Olonne, d'abord dans l'ancienne fabrique de sardines de l'entreprise Amieux, puis dans la prison de la ville. Je retrouve deux photographies jaunies, prises au début du siècle ; elles témoignent de ce qui n'est plus : alignés au pied de la tour

Arundel, les bâtiments de l'usine Amieux frères, surmontés d'une cheminée aux noires volutes. Coïncidence ou présage ? Hans, dans un style télégraphique, décrit chaque lieu d'internement : aux Sables-d'Olonne, il parle de conditions de logement inhumaines, de travaux forcés et pénibles dont l'abattage d'arbres, le démontage et le transport de rails à mains nues. Le « camp de concentration » (sic) de la Chaume, surveillé par les troupes françaises, est entouré de barbelés.

Puis au mois de février 1940, Hans est transféré à La Roche-sur-Yon. Son ton est factuel, sobre, télégraphique, meurtri : il est logé en plein hiver dans le grenier d'une usine à balais ; il fait –15 °C, les repas sont pris à la hâte, debout ; des soldats français se chargent d'acheminer chaque jour les « travailleurs » vers un aérodrome, à Noiron, pour niveler la piste à coups de pioche et de pelle.

Dès le mois de mai, début de l'offensive allemande, Hans est déplacé dans la région de Nantes ; il se définit pour la première fois comme « prestataire », et évoque des travaux effectués sur « l'aérodrome anglais ». De nouvelles recherches me permettent de le localiser : Château-Bougon. Hans, sous surveillance de soldats britanniques, plie sous le poids des sacs de ciment qu'il faut porter, s'il lui reste encore des forces après qu'il a participé à la fabrication de ce même ciment. Une phrase résume la souffrance du père et du mari, exilé à l'intérieur d'un pays devenu prison : *« Aucun contact possible avec l'extérieur »*.

À la fin de l'été 1940, il rejoint le camp de Langlade, le seul lieu que j'avais été en mesure d'identifier. Grâce à cette lettre de 1959, j'obtiens des précisions dramatiques sur le quotidien du compositeur : il rapporte que la moindre tentative de fuite pouvait être punie de déportation vers le camp disciplinaire d'Argelès, soit vers la Légion étrangère en Afrique du Nord. Langlade, un univers carcéral, *« indigne d'un être humain. »* Hans et ses camarades d'infortune, épuisés et affamés, sont réduits à l'état de bétail, dormant sur la terre battue dans une étable, couverts de parasites.

Nouveau rebondissement.

Son calvaire l'emmène, dès le mois de mai 1942, dans les Cévennes... !

« *Je suis détaché par le groupe 803 T.E pour exécuter des travaux agricoles à... Saint-Jean-du-Gard* » ! Ai-je bien lu ? Après des années de recherches et de questionnements, cette lettre m'offrait la clé chronologique manquante : Hans, entre espoir et douleur, rejoint comme prisonnier les abords du village où sa femme et son fils ont trouvé refuge !

Dans cet univers paradoxal, promettant les retrouvailles, mais imposant d'autres épreuves physiques, Hans souffre. Sous-alimenté, rongé par la douleur, affaibli par les corvées, il peine sous le soleil cévenol. Il définira cette incarcération comme le moment le plus dur de toute la guerre. À genoux dans les champs de pommes de terre et de maïs, il sera bientôt victime d'une crise cardiaque. Il passera vingt-quatre mois dans cette nouvelle prison à ciel ouvert, surveillé par les gendarmes français, sans évasion possible, et tributaire de rares permissions spéciales, accordées au compte-gouttes, qui l'autorisent à déserter pendant quelques heures ces terres d'esclavage.

Le début de l'année 1944 marque une accélération tragique dans la spirale qui enferme Hans depuis maintenant cinq ans. Il doit quitter Saint-Jean-du-Gard pour être transféré à Sanary, dans un camp de travail dépendant de l'organisation Todt, qui supervisait la construction du Mur de l'Atlantique. Les prisonniers y étaient astreints à des travaux forcés : transports de sacs de ciment, déchargement de wagons de charbon, excavation de bunkers. Toutes ces charges et épreuves physiques viennent briser le corps et alourdir le cœur d'un homme sans nouvelles de son épouse et de son fils.

Selon certaines sources, il aurait peut-être revu sa sœur et ses nièces à ce moment. Marion m'avait d'ailleurs confié l'avoir brièvement rencontré dans le sud de la France pendant cette période. « À Sanary, je crois », m'avait-elle dit.

Les événements se précipitent dès le printemps 1944 : Helmut Knochen et Alois Brunner, chefs de la SS en France, décident d'intégrer les Juifs « Travailleurs Étrangers (TE) » internés dans les camps de l'organisation Todt, aux convois pour Auschwitz via Drancy. C'est alors qu'un incroyable concours de circonstances, bientôt confirmé par des témoignages de sa famille, le sauvera de la mort.

Il convient de rappeler ici que, sur chaque fiche, les noms de famille et prénoms sont rédigés à la main. Lors du contrôle précédant l'embarquement de prisonniers en direction de Drancy, l'un des gardiens déchiffre avec peine le nom de Heller et y voit un « n » final, lisant ainsi « Hellene ». Il en déduit qu'il s'agit d'un travailleur d'origine grecque qui ne figure donc pas sur sa liste. C'est ainsi qu'Hans Heller échappe miraculeusement à ce transfert.

Sauvé par une faute d'orthographe !

Le neveu de Hans soulignera le rôle majeur d'une employée de la Gestapo qui l'aurait averti de sa déportation imminente vers un camp d'extermination. Pour quels motifs ? Hans parviendra à s'échapper du camp à la fin du mois de mars 1944 et trouvera refuge dans la garrigue, près de Nîmes, où Peter et Ingrid le rejoindront plus tard.

Dans une lettre adressée à son oncle berlinois, Peter se rappelle les derniers mois de la guerre, jusqu'à la Libération, passés dans cette cachette «*pour échapper aux Allemands. Il y avait des bombes, rien à manger, la peur – et la langue allemande. Mon père, qui, bien que juif, était en quelque sorte un optimiste, voulait absolument que j'apprenne l'allemand. "Quand nous serons en Amérique, tu devras connaître trois langues."* Le *pauvre avait plus peur de moi que des nazis, car je commettais les erreurs les plus cruelles. Lui, si sensible à l'esthétique et à la beauté, ne pouvait supporter mon massacre linguistique.* »

Marion me racontera ses retrouvailles avec Hans, Ingrid et Peter à Saint-Jean-du-Gard dans le courant de l'année 1945. De nombreux recoupements me conduisent à penser que la famille Heller s'était installée dans cette petite localité cévenole dès la Libération. Marion revoit une petite maison dans les collines, à dix, peut-être vingt minutes de la bourgade, elle me décrit les escaliers à gravir pour rejoindre la grande pièce ; elle y passera l'été 1945 avec ses proches, uniques survivants de la constellation familiale. Devant un parterre de lycéens, Marion a évoqué ce retour à la vie en précisant « que c'est un pasteur suisse qui leur avait trouvé ce logement ». Après la guerre, il était encore pour eux cette main humble et discrète, cherchant leur bien.

Et toujours ce besoin d'inscrire la trame de ces souvenirs dans des lieux identifiables et tangibles : j'ai voulu retrouver cette maison. Elle apparaît sur l'une des premières peintures de Peter, intitulée sobrement *Notre maison à St-Jean*, datée de 1945. Une petite habitation entourée d'arbres, ornée d'un minuscule balcon et d'une cheminée. Rien ne la distingue des autres bâtisses de la vallée. Volets verts et façade ocre. J'ai parcouru les rues et les coteaux, la cherchant, interrogeant des habitants. En vain. Puis un jour, un appel d'un ami demeurant à Saint-Jean. On avait retrouvé dans une maison située à la Baumette de Brion des dessins et esquisses de peinture réalisés pendant la guerre, des portraits et des corps... L'emplacement semblait correspondre aux indications données par Marion.

Les premières aquarelles de Peter à cette époque me servent ainsi de guides : d'abord des paysages de Saint-Jean-du-Gard et de sa vallée, puis une série de tableaux représentant la région de Saint-Jean-d'Arvey, en Savoie. Une maison, « Sa » maison, précise la signature au verso. Pourquoi la Savoie ? Marion me confiera que sa sœur Hedwige avait une connaissance qui leur aurait trouvé un hébergement dans ce petit village savoyard, à quelques kilomètres de Chambéry, une ville où se jouera l'un des chapitres les plus tragiques de cette saga familiale.

© Kip Ross

Saint-Jean-d'Arvey refit surface de manière imprévisible lors de la découverte d'une nouvelle pièce à conviction : je tentai à plusieurs reprises de savoir à quel moment Hans, Ingrid et leur fils avaient choisi de partir aux États-Unis, et par quel moyen. Comme mentionné plus haut, Hans avait vu son espoir de pouvoir émigrer outre-Atlantique contrecarré par le déclenchement de la guerre.

Dans les documents qui me sont confiés par la famille, je croise le chemin d'un certain Richard Goetz (1874 – 1954), cousin des Heller, fils d'un riche entrepreneur textile juif d'Ulm, célèbre collectionneur et marchand d'art installé à Paris. Il avait joué un rôle majeur dans l'installation du couple en France. Les informations que j'obtins à son sujet me permirent de découvrir qu'il avait aussi été victime de spoliation, dans les années 20, tout comme le seront les membres de sa famille lors de la Seconde Guerre mondiale. En février 1922, toute sa collection comprenant des tableaux, aquarelles et dessins de Cézanne, Corot, Renoir,

Delacroix, Géricault, Sisley et Seurat pour n'en citer que les plus éminents exemples, fut l'objet d'un séquestre de guerre et vendue, liquidée devrais-je dire, aux enchères à l'Hôtel Drouot.

Mon enquête me conduisait à m'intéresser à celui qui deviendrait une figure incontournable et essentielle dans la vie des Heller, puis des Arnstein. Marion, lors d'une conversation portant sur ses études aux États-Unis après la guerre, me dit avoir retrouvé le cousin Richard, soulignant combien elle admirait sa grande finesse d'esprit et son infinie culture artistique.

Richard Goetz s'était installé à Paris en 1901, au 58 rue Notre-Dame des Champs, et se lia bientôt d'amitié avec Picasso, Braque, Rousseau, Matisse dont il allait soutenir la carrière naissante par des achats d'œuvres et des dons. J'ai retrouvé une photo de Goetz, prise dans son appartement, rue Cardinal-Lemoine, en compagnie de Picasso, d'André et Alice Derain.

En quelques années, Goetz se dote d'une collection rassemblant plus de 200 œuvres d'art. Il aurait assisté, impuissant, à la vente de sa collection saisie en 1921, dont l'État français sera le seul bénéficiaire. Il habitera à la rue d'Odessa, puis au boulevard Montparnasse, au-dessus du Café du Dôme. En 1939, conscient du danger, il émigre à New York. Mon enquête m'a permis de mettre la main sur le billet de bateau de Goetz, daté du 29 août 1939, au départ du Havre, sur le *Champlain*, navire transatlantique dont j'ai découvert une photo, lors de son entrée dans le port de New York.

Richard Goetz aurait-il été le fameux intermédiaire que mentionne Einstein dans sa lettre de 1941 ?

Les pistes et les témoignages s'entrelacent dans mon jeu de reconstruction mémorielle. Je me souviens d'une interview d'Alexandra dans le *Burlington Free Press* où elle évoquait l'influence primordiale de Richard Goetz sur le jeune Peter : « *Tout ce que Peter savait de la peinture, il le tenait de Richard Goetz.*

Il avait pour habitude de s'approcher de tableaux, une loupe à la main, pour lui expliquer ce que peindre voulait vraiment dire. »

Marion me confirmera le rôle essentiel de Goetz dans l'arrivée puis l'accueil des Heller sur le sol américain, rôle qu'il jouera plus tard, avec le même dévouement, pour les deux sœurs Arnstein.

Animé par mon souci constant, voire obsessionnel d'ancrer mes recherches dans une réalité tangible, j'ai voulu trouver les preuves de leur traversée, convaincu jusque-là qu'ils avaient quitté la France par bateau. Quelle ne fut pas ma surprise de voir apparaître sur l'écran de mon ordinateur des billets d'avion sur lesquels je pus distinguer les noms de Hans, Ingrid et Peter Heller ! J'eus la présence d'esprit de les imprimer et de les enregistrer sans attendre. J'ai voulu depuis les retrouver, en vain.

L'en-tête des billets indique en majuscules *Transcontinental & Western Air Inc.* Vol Paris – New York. 22 mai 1946. Plusieurs

détails ont attiré mon attention : l'adresse des Heller en France, complétant le lieu de résidence Saint-Jean-d'Arvey par une nouvelle précision : villa Monachon. Elle aurait, selon un article paru dans un journal local, appartenu au Docteur B. Serait-ce « l'ami » d'Hedwige Arnstein, bienfaiteur des Heller ?
Sur le billet d'avion, le prénom *Pierre* est biffé, remplacé par un *Peter* rédigé à la main. Plus parlant encore, sur toute la liste des passagers russes, français, belges et autres, seuls les Heller portent la mention de *stateless*. Errance et déni d'identité, écho d'un destin millénaire, même aux portes du Nouveau Monde.

Tandis que je réussissais à « glaner » (décidément, la référence à Ruth la Moabite ne me quittait plus) de précieuses informations sur le départ des Heller, je relisais les notes prises lors d'un échange avec mes tantes. Toutes deux avaient parlé, dans les mêmes termes et en détail, d'une intervention de mon grand-père, comme un dernier signe d'aide et de solidarité envers les Heller, avant son retour en Suisse : ils lui auraient remis une boîte contenant les œuvres complètes de Jean-Sébastien Bach qu'il serait parvenu à revendre afin de leur permettre d'aider au financement de leur voyage. Chacune mentionnait, pour étayer ce chapitre inattendu, la présence dans la maison familiale de Saint-Jean-du-Gard de la boîte contenant les mystérieuses partitions. Ruth me confirmant l'avoir vue de ses propres yeux.

Cette révélation surprise serait bientôt suivie d'un rebondissement que me réservait Albert Einstein lui-même ! En effet, alors que j'interrogeais Alexandra sur l'arrivée de son mari à New York, elle me signala la présence d'une lettre, encadrée dans sa cuisine, rare rescapée d'un feu qui avait fait disparaître bon nombre de ses archives familiales.

Ce document, rédigé le 16 janvier 1946 à Princeton, était signé de la main du physicien :

À qui de droit
Je prends la liberté de recommander aux autorités de l'immigration américaine la demande de visa présentée par M. Hans HELLER, un membre de ma famille. Je garantis la fiabilité politique et personnelle de M. Heller et de son épouse, et suis convaincu qu'avec sa famille il mérite pleinement d'être admis aux États-Unis, après toutes ces années de souffrance et de privation.

Albert Einstein

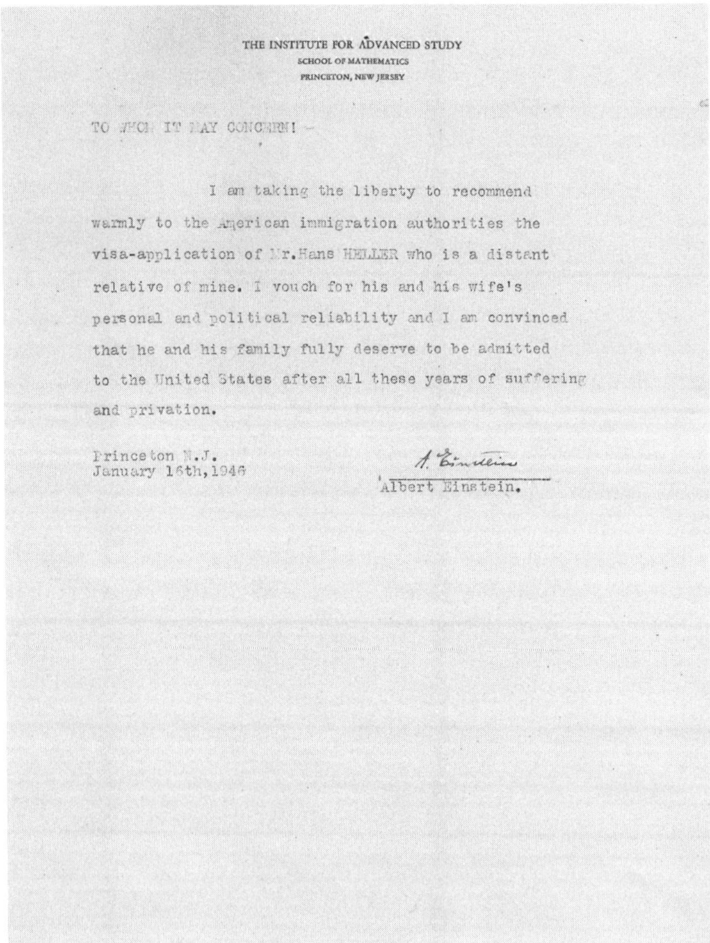

THE INSTITUTE FOR ADVANCED STUDY
SCHOOL OF MATHEMATICS
PRINCETON, NEW JERSEY

TO WHOM IT MAY CONCERN! -

I am taking the liberty to recommend warmly to the American immigration authorities the visa-application of Mr.Hans HELLER who is a distant relative of mine. I vouch for his and his wife's personal and political reliability and I am convinced that he and his family fully deserve to be admitted to the United States after all these years of suffering and privation.

Princeton N.J.
January 16th,1946

A. Einstein
Albert Einstein.

Vingt-six ans plus tôt, en 1922, le savant prophète, dans une lettre adressée à sa sœur Maja, avait laissé entendre sa préoccupation face à la montée de l'antisémitisme : « Je m'en sors plutôt bien, malgré tous les antisémites parmi les collègues allemands. Je suis très reclus ici, sans bruit et sans sentiments désagréables, et je gagne mon argent principalement indépendamment de l'État, de sorte que je suis vraiment un homme libre. »[12]

Après avoir cherché à faire libérer Hans Heller pendant la guerre, il marquait une nouvelle fois de son empreinte solidaire et humaniste le parcours de cette famille.

Ainsi, une chaîne d'entraide et de soutien avait placé les Heller hors de portée de la mort et du néant. Hasard de l'Histoire, deux de ses maillons s'y étaient côtoyés sans se connaître : un pasteur suisse bien discret et un physicien de renommée mondiale !

Comme un écho à ces longues années de souffrance et d'oppression, Hans Heller composera un oratorio imprégné de pacifisme, « Nations Shall Not Lift Up Sword Against Nation » dont la première fut donnée à Berlin en 1955 par le chœur de la cathédrale Sainte-Hedwige et l'orchestre symphonique RIAS – la première et unique représentation, du vivant de Hans, d'une de ses grandes œuvres. Le compositeur décédera le 9 décembre 1969 à Berlin.

Septembre 2021, comme un phénix, « Requiem pour un réfugié inconnu », œuvre majeure et matricielle de Hans Heller, ressuscite soixante ans après sa composition, jouée pour la première fois, à Erfurt, en Allemagne.

Erfurt, lieu d'un pogrom qui extermina plus de 900 Juifs en 1349 ; Erfurt, dont une des stalles de bois de la cathédrale représente l'Ecclesia, qui, armée d'une lance et montée sur un cheval, tue Synagoga, juchée sur un cochon. *Judensau.*

Erfurt, siège de l'usine de fours crématoires Topf und Söhne qui équipa les camps de Buchenwald, Dachau et Auschwitz. Forte de sa devise, « Toujours heureux de vous servir », cette entreprise fournira également des systèmes de ventilation pour les chambres à gaz et contribuera à leur « perfectionnement » par les nombreuses visites effectuées par ses ingénieurs à Auschwitz...

Tikkoun olam (en hébreu : réparation du monde) à Erfurt.

La réparation par la musique, la rédemption par l'art, la vie plus forte que les tentatives séculaires d'annihilation.

III

Peter, entre oasis et douleur

Mon enquête m'avait permis de suivre Hans Heller et de comprendre les liens qui l'unissaient à mon grand-père. Il me restait néanmoins à revivre le parcours de son fils, Peter. Qu'était-il devenu pendant les années de traque et d'emprisonnement de Hans ? Comment avait-il rencontré Paul Zbinden ? Quelle relation avait pu se nouer entre ces deux êtres ?

Bribes de réminiscences et fugitives séquences mémorielles avaient émergé de mes conversations avec Alexandra : une arrestation par des soldats allemands, profond traumatisme pour le petit Peter ; un épisode de harcèlement scolaire aux conséquences déterminantes ; une cachette dans les collines de Saint-Jean ; la figure protectrice et paternelle du pasteur qui l'avait protégé.

C'est alors qu'entra en scène la caissette noire : Ruth, une de mes tantes, m'avait confié ce petit coffre en métal, renfermant divers souvenirs. La petite clé dorée qui l'ornait ne tarderait pas à m'ouvrir un champ d'investigation inattendu et très précieux : j'y découvris, déposées sur un tas de photos de famille, des lettres manuscrites rédigées par Peter Heller, adressées à mon grand-père, et postées depuis New York.

Les témoignages et documents recueillis auprès des uns et des autres ne tarderaient pas à faire apparaître des protagonistes plutôt inattendus : le directeur de l'école de Saint-Jean, Jean Airal, proche de la Résistance ; ma tante, Myriam ; un officier nazi mélomane ; et un berger anarchiste.

Deus ex machina, Alexandra m'informa un jour de l'existence d'un texte rédigé par Peter aux États-Unis. Il s'agissait, selon elle, d'un récit autobiographique original, en français, que son mari n'avait jamais achevé. Une petite centaine de pages qu'elle m'enverrait bientôt.

Pages jaunies, dactylographiées, balisées de fautes de frappe et d'hésitations retranscrites par des mots biffés, refusés. Comme une métaphore des futurs effacements familiaux. De quelle machine à écrire Peter s'était-il servi ? Je me plais à penser que c'était une Underwood noire, semblable à celle que je venais de sauver de la casse et qui savourait désormais une paisible retraite sur le coin de mon bureau.

Dès leur réception, je me plongeai dans les mémoires expérimentales, esquissées par Peter. Quel âge pouvait-il donc avoir au moment de leur rédaction ? Compte tenu du foisonnement de détails et d'émotions vives, j'en déduisis que Peter s'y était attelé quelque temps après son arrivée sur le sol américain. Ce furent tout d'abord une centaine de pages qui m'offraient une lecture intime du petit Peter, suivie d'une deuxième séquence comprenant 176 feuillets. Il me faudrait dégager le réel et l'authentique d'un réseau touffu de considérations sentimentales et d'envolées au style onirique. Une scène m'y attendait : celle d'une blessure angoissante et durable qui marquerait le jeune garçon jusqu'à la fin de sa vie.

Les premiers mots de Peter résonnaient comme l'écho de mon propre cheminement.

« Je suis né il y a déjà quelque temps. À ce moment, l'innocence était ma maîtresse et le monde moins malheureux. Je fus fou d'amour à six ans d'une petite fille qui s'appelait Anne, nous allions bras dessus, bras dessous, patinant à Paris, au Ranelagh. L'on m'envoya dans un cours privé où je commençais mes études. L'arithmétique, l'histoire, un peu de tout, que j'avalais facilement et digérais plus rapidement encore.
Le dimanche, j'allais chez ma tante, où mes cousines jouaient au Monopoly.

Aujourd'hui, un voile s'est posé sur cette vie trop facile, je ne regarde plus mon enfance que comme une période perdue où j'étais trop petit pour comprendre mon bonheur, trop jeune pour entrevoir les malheurs à venir. »

C'est en prenant la plume, moi aussi, que j'ai eu le sentiment de naître à moi-même.

Ces après-midis de jeux, ces sorties au Ranelagh résonnaient encore dans la mémoire de Marion. Soucieux de raccrocher le récit de Peter à la réalité, je lui faisais la lecture des scènes décrites par son cousin, afin qu'elle les valide.

Je découvris dans ce texte les peurs d'un enfant, les menaces, les fragilités et les secousses de la guerre, les injustices et les angoisses parfois refoulées, parfois suggérées, parfois criées, souvent dissimulées sous d'apaisants décors et de rassurantes amourettes. J'y verrais ses failles. J'y lirais sa rencontre avec mon grand-père et sa famille. J'assisterais à son arrestation.

Ébranlements, fissures, craintes.

« *On me raconte que l'angoisse augmenta de plus en plus en 1939. Il devenait évident que le conflit tant craint allait éclater quelque jour imprévu, quand il plairait aux Allemands de commencer la lutte.*
Au mois de juillet, nous partîmes comme chaque année passer trois mois de vacances en Bretagne. Le manoir, enfoui sous les arbres, assis au milieu d'un grand parc, semblait un château du XVIIIe siècle. Ses tourelles, la pierre noircie, les décorations sur les murs ravissaient mes yeux. Il y avait dans le parc un étang, au milieu duquel, une petite île couverte de buissons et d'arbres demeurait un lieu de repos pour quelques romantiques attardés. Cette île était reliée à la terre par un "pont-levis" fait de planches que l'on pouvait jeter d'une rive à l'autre. Le passage était si périlleux que celui qui n'avait pas le pied solide pouvait bien aller prendre un bain dans les eaux trop boueuses et pleines de crapauds.

Ces régions furent le théâtre d'opérations militaires que nous engageâmes, les fils du propriétaire, une douzaine de chenapans du village et moi-même, au mois d'août 1939... ! »

Le manoir breton existe.

Sous mes yeux, à côté des feuilles rédigées par Peter, une photo de famille. Deux jeunes filles, posant sur une rampe d'escalier. Marion et sa sœur, devant l'entrée. Sur une autre photo, un homme élégant, frêle, mais distingué, vêtu d'un costume blanc immaculé. Chaussures blanches, nœud papillon, jambes croisées sur la même rampe que les cousines. Il regarde avec amour son fils, assis entre ses deux parents. Sa mère, l'air radieux, tient le petit garçon. La main repose sur son épaule, avec douceur. Au verso de la photo, une légende : *photo prise par Marion Arnstein, sur le perron de la maison de Kerlouarnec, près de Quimper.*

Je reçois un jour une série de photographies de la famille Arnstein. Leur point commun, un escalier de pierre, décor immuable de ces prises de vue : Marion seule. Marion avec sa sœur Hedwige. Marion avec Irma.

Puis une photo récente en couleurs. Marion, debout, sa canne dans la main, au pied de ces marches, devant la rampe. La rampe. En écrivant ce mot, j'en découvre la répercussion tragique. Hans, Ingrid, Peter, Hermann, Emilie, Hedwige, Irma et Marion. Tous ont posé sur la rampe. C'était avant la Nuit.

Et puis cette photo : un petit garçon, habillé d'un pardessus clair, coiffé d'un béret, portant un cartable. Premiers jours d'école à Paris. Visage tourné vers le côté, main gauche dans la poche de son manteau. Un air décidé. Bientôt tourmenté.

Alors que Peter poursuit son récit sur le mode de « la Guerre des boutons », bien innocente en apparence, un détail du texte retient mon attention. Cet épisode prend une tournure dramatique, presque prophétique. Il marquera le petit garçon de 11 ans à tout jamais et se reproduira, en sombre écho, quelques mois plus tard.

« À neuf heures, la bataille recommença. Nos plans d'attaque étaient prêts : envahir la terre ferme, occuper les trois collines et chasser nos adversaires dans les champs de blé aux alentours. Voyant qu'ils perdaient, nos ennemis devinrent furieux – réellement furieux ! Un des plus grands apparut tout à coup avec un grand bâton. Il se lança vers moi et cria : « Sale Juif, je t'aurai ! » Moi aussi, alors, je devins fou. Il ne s'attendait pas à ce qui allait lui arriver : je saisis mon gourdin, fonce sur lui, brandissant mon arme et frappant sur la sienne avec toute la force de mes petits bras. Ce fut un corps-à-corps acharné pendant lequel je réussis à lui pocher un œil, et où il se foula le pied. Le méchant s'enfuit, honteux, laissant la victoire au Sale Juif...
La nouvelle de cette guerre se propagea rapidement, et si nos parents n'étaient intervenus, je crois vraiment que nous en serions venus à nous assommer. La paix, cependant, fut signée, une sorte de bonhomie hypocrite régna. Ce fut pendant ce temps qu'à l'horizon, la vraie guerre se préparait, qui devait changer ma vie et celle de tant de millions d'autres. Lorsque le 3 septembre, les cloches de la mort retentirent, mon cerveau très trouble entendait confusément le glas

et les cris affolés des gens, et les bruits des armes, et par-dessus tout ce tumulte, la voix inhumaine qui m'avait lancé à la figure ce "Sale Juif, je t'aurai !" »

Sale Juif, je t'aurai...

Une numérotation rédigée par Peter au crayon est inscrite sur le haut de cette page : 13-A. La page suivante, 14-A est vierge. Comme une ellipse, avant de reprendre le récit de son arrivée dans les Cévennes à la page 15-A.

Page blanche.

Que s'est-il donc passé pour Peter et sa famille pendant ces mois ?

Combler les vides.

Son père avait-il déjà rejoint un camp de travail ? Avait-il réussi à fuir ? Une de mes sources évoque la présence d'Ingrid et de son fils dans un camp, dans le Finistère, à Châteauneuf-du-Faou. Pour quelles raisons s'y trouvaient-ils ? Ressortissants allemands, auraient-ils été victimes, dès septembre 1939, de l'internement décidé par le gouvernement français de tous les Allemands vivant en France ?

L'engrenage menaçant s'accélère en automne 1940 : une ordonnance de la sûreté allemande exige le recensement de tous ces émigrés d'origine allemande, citoyens, apatrides, et Juifs. Font-ils eux aussi partie de la vague d'expulsion vers la zone libre du mois de septembre 1940, menée par les autorités allemandes contre les indésirables ou non-assimilables ? Comment et quand les Heller ont-ils quitté Paris, ou la Bretagne, pour rejoindre la zone libre ? Par quel réseau sont-ils parvenus dans cette petite ville inconnue du Gard ? Peter parle de « ses parents » dans les premiers jours à Saint-Jean. Brève réunion. Bientôt viendraient la séparation, la peur et le silence.

Seul repère dans ces mois de brouillard et de flou, une phrase lâchée par Peter dans un journal américain où il révèle que sa famille avait acheté des billets pour émigrer le 7 décembre 1941 vers les États-Unis – jour de l'attaque sur Pearl Harbour. Leurs billets annulés, les Heller condamnés à l'intérieur des frontières.

Peter arrive à Saint-Jean-du-Gard bien avant le tragique été 1942. La France méridionale est encore en sursis.

« *Un village du sud de la France, même en ces temps de détresse, était enchanteur. Les tons rouges et verts, voilés par la vapeur bleue du sol trop chaud, les maisons posées çà et là dans les prés et les champs, se reposent nonchalamment au soleil de plomb ; les habitants, gais, bavards, prenant la vie du bon côté, tout cela était charmant aux yeux déjà un peu blasés d'un tout jeune homme. Nous habitions une petite masure aux murs rouges, assise dans une vigne, au milieu des mûriers aux visages de fantômes, jaunes déjà au mois de juillet. Le pays était sec, la terre sable, l'herbe brûlée, noire. Rien ne poussait, l'eau, l'eau manquait terriblement à toute la population. Mais, en ces temps-là, ces petits inconvénients ne nous préoccupaient pas, bien qu'il fallût se procurer une nourriture toujours plus rare, plus chère.* »

Lors de mes séjours à Saint-Jean-du-Gard, j'ai voulu retrouver la masure de Peter. Comme un des rares points tangibles me reliant à lui. Un faisceau de renseignements et indices avait émergé des conversations avec des habitants, avec mes tantes ainsi que de l'analyse de photos d'époque qui me ramenaient à une propriété située dans les hauts du village, dans un quartier appelé « Grand'Vigne ». J'ai arpenté les impasses, transpiré sur les petits chemins. Une belle demeure vigneronne m'attirait, comme un aimant. C'est sur ces terres que mon grand-père et ses enfants venaient jouer avec leurs camarades, se retrouvaient pour des repas. Il m'avait été dit que les propriétaires avaient hébergé une famille juive pendant la guerre. Devant moi, soudain, un imposant portail de bois, peint en rouge, surmonté d'une arche de pierre gravée de lettres majuscules « Grand'Vigne ». Je me souviens de son ombre striée sur le sol. J'y voyais des rails ou un grillage devant mes pas.

La cour brûle sous le soleil, le chien hurle. En contournant le mas, je découvre le verger qui descend en larges terrasses en direction du village. Des arbres fruitiers, des châtaigniers, des oliviers. Sur le versant opposé, de l'autre côté de la vallée, se dresse le Mont Brion. Il cachera bientôt Peter et sa mère.

Je parcours du regard, en travelling, les coteaux qui me font face et prends conscience qu'une des premières œuvres de Peter Heller représente ce même paysage.

Je poursuis mon enquête dans les rues de Saint-Jean. Peter a rejoint l'école. C'est le directeur, Monsieur Airal, qui l'a présenté à ses camarades, me raconte une voisine de banc de l'époque. Elle ajoute, presque sur le ton de la confidence, que plusieurs écoliers se méfiaient de cet étranger au drôle d'accent. Le bruit se répandait dans la classe qu'il s'agissait peut-être d'un espion.

Le climat de suspicion, inhabituel dans une région plutôt solidaire des réfugiés juifs, semble avoir été limité aux murs de l'école, mais il aurait une incidence majeure sur le destin de Peter. La douleur du « Sale Juif, je t'aurai ! », pointe de flèche plantée dans sa mémoire, ne tarderait pas à se réveiller. Sous la forme de harcèlements quotidiens, comme une implacable résonance de l'été 1939. Ironie dramatique, cette épreuve le conduirait à mon grand-père.

Peter en témoigne.

« *Les habitants crurent d'abord que nous étions des espions. On nous connut dans le village sous le nom des "Étrangers"...*
Voilà les étrangers, disaient les gens à notre approche. Cependant, quatre semaines après notre arrivée, nous avions gagné la population. Moi seul avais beaucoup de peine à me faire reconnaître à l'école. On ne m'aimait pas... Qu'avais-je donc fait ? Les garçons commencèrent à me courir après comme des enragés, essayant, sans succès toutefois, de m'enlever... mes pantalons ! Mes forces physiques n'étaient guère grandes, et il me fallait suppléer à cette pénurie par un surcroît d'énergie morale...
Tout cela n'était pas très agréable, car nous étions en constant danger et se défendre eût peut-être été de se jeter dans les mains de la police. Après six mois de cette vie mouvementée, un grand garçon survint qui dit à mes antagonistes : Arrêtez, ou je vous casse la gueule ! »

Cet épisode crucial me sera confirmé par mes tantes qui se rappelaient les moqueries et brimades auxquelles Peter dut faire face dès son premier jour d'école et pendant des mois. Le fils du chef de gare avait pris la tête des harceleurs : si leur nouveau camarade était bien juif, il devait sûrement être circoncis. Tout cela méritait donc une vérification publique, et humiliante.

Dès que mon oncle Étienne eut vent de cet acharnement systématique, il décida de passer à l'action et de prendre sans attendre la défense du petit Peter. Sur une photo de classe de cette époque, Étienne dépasse tous ses camarades d'une bonne tête, ce qui présage des effets de ses menaces sur les harceleurs en herbe. Cet épisode semble être remonté aux oreilles de mon grand-père : dans cette petite ville méridionale, les nouvelles du matin n'ont qu'à traverser la cour du collège et se glisser entre les platanes pour entrer dans la maison familiale. Le père de famille, pasteur de son état, attend de pied ferme son fils et le reprend vertement. Étienne lui répondra alors, avec aplomb : « Mais, papa, tu nous as appris à aimer et à respecter ce peuple, en nous répétant ce verset, cette promesse faite à Abraham et à sa descendance : "Je bénirai ceux qui te bénissent" ; je n'ai fait que mettre en pratique ce que tu nous as appris... » L'incident était clos.

Analepse de la protection et de l'amour inconditionnel dont Peter bénéficierait bientôt auprès de sa famille d'accueil. Très vite, mon grand-père considéra le jeune garçon comme l'un des siens.

Des allusions plus ou moins moqueuses jalonneront tout le parcours scolaire du jeune Peter. Je me rappelle ma discussion avec un habitant de Saint-Jean, camarade de classe du jeune réfugié :

« On était en rangs pour rentrer en classe. Il était à côté de moi, et drôlement taquin ce petit. Il n'arrêtait pas de m'embêter. Je lui disais d'arrêter, mais rien à faire, il continuait. Finalement, il m'a tellement provoqué que j'ai eu le culot de lui dire "Si tu continues, je vais te traiter de sale Juif." Son visage s'est fermé d'un coup. Il l'a mal pris. Je ne l'ai pas traité de "sale Juif", c'était pas bien méchant... »

Avant l'arrivée de l'armée allemande dans la région, ma famille habite sur la place du Temple, dans un presbytère, s'ouvrant au sud sur un jardin où trône un palmier ; les côtés est et ouest donnant respectivement sur une petite ruelle dont nous reparlerons bientôt, et sur la place du marché.

Hans a connu Saint-Jean. Était-ce avant son internement ? À l'occasion de rares permissions ? Lors de son évasion ? Des habitants de Saint-Jean, des voisins de l'époque, me raconteront deux anecdotes qui m'aideront à cerner un peu mieux le compositeur.

Dans la ruelle qui longe le presbytère se trouve l'une des plus anciennes maisons de Saint-Jean, appelée la maison du vicaire. C'est là qu'habitait Madame Travier, une fidèle de la communauté dirigée par mon grand-père. Elle habitait à l'étage, et possédait d'un héritage un piano à queue installé dans son salon. Pour Hans et son épouse, la présence de cet instrument constituait une aubaine. Mon grand-père avait rempli le rôle d'intermédiaire et permit aux Heller de faire connaissance avec la propriétaire. Un jour, alors qu'elle s'apprêtait à jouer un air sur le clavier, Hans se mit à regarder longuement ses mains. Elle les ouvrit en écartant ses doigts de manière très particulière, ce que le compositeur, au regard perspicace, remarqua instantanément. Il s'exclama : « Vous êtes juive, Madame ; de la tribu de Lévi, car vous ouvrez vos mains et écartez vos doigts comme pour la bénédiction d'Aaron. » À la grande surprise de son interlocutrice, Hans lui expliqua que seuls les membres de cette tribu pouvaient écarter leurs doigts de cette manière. De longs échanges et discussions sur les textes de l'Ancien Testament suivirent entre le compositeur et l'institutrice.

Je me tiens dans cette ruelle, les yeux levés vers les fenêtres de cette maison. Derrière moi, une pierre fait office de banc. Des habitants m'apprirent qu'il avait été le témoin silencieux d'une scène tragicomique. Cette deuxième anecdote me donnera une preuve supplémentaire de la présence fugitive de Hans Heller à Saint-Jean au moment de l'arrivée des troupes allemandes. Il semblerait qu'il ait très vite quitté le village après cet épisode. Lorsque notre artiste laissait s'envoler vers la ruelle des mélodies classiques et romantiques allemandes, un officier avait coutume de venir s'asseoir sur le banc de pierre pour les écouter avec une certaine nostalgie. Aurait-il pu imaginer que les doigts qui l'emportaient dans cette rêverie musicale étaient ceux d'un Juif ? Quelque peu irritée par la présence fréquente de cet officier,

Madame Travier changea un jour de registre musical et se mit à jouer de toutes ses forces... La Marseillaise ! On raconte que l'Allemand mélomane ne revint plus jamais s'asseoir à cet endroit.

Le piano, compagnon de route des Heller.

Alors que leur père et époux a quitté Saint-Jean, vraisemblablement emprisonné, Peter et sa mère vont continuer de fréquenter les Zbinden. Le danger approchant, mes tantes aussi, à l'instar de leurs frères, seront bientôt rapatriées en Suisse. Quelques semaines plus tôt, alors qu'Ingrid se trouve avec elles dans la « maison au piano », elles la supplieront de jouer, mais elle refusera de toucher ce clavier dont elle maîtrise pourtant toutes les finesses, comme pour conjurer l'absence de son mari et oublier les années berlinoises volées par l'exil.

Dans la correspondance datant de ses années à New York, l'encre bleue de Peter court sur le papier, y dépose ses questionnements, ses sentiments, sans retenue ni réserve. Elle laisse trace du lien filial intime qu'il développa avec mon grand-père.

> *Cher Monsieur Zbinden, voilà bien longtemps que je ne vous ai écrit ! Ce dont j'ai honte ! Mais croyez-moi, cela ne veut rien dire, au contraire. Nous parlons si souvent de vous ici, presque tous les jours une allusion aux "vieux" jours de Saint-Jean du Gard me revient en tête !! Mon amitié pour vous tous est toujours aussi profonde* [...] *Toute mon affection, votre Pierrot qui ne vous oubliera jamais !*
>
> *New York, 20 décembre 1948*

> *Rien ne me fera oublier ces années terribles de France durant lesquelles je n'avais que six amis, les heures que nous avons passées, vous et moi, à discuter sur les anges et la manière la plus efficace d'irriguer un champ de betteraves...* [...] *Le monde est bien petit. Plusieurs fois, j'ai rencontré des citoyens suisses à des parties d'étudiants et d'amis. Chaque fois je leur ai demandé s'ils connaissaient le pasteur Zbinden. Deux fois j'ai reçu une*

réponse affirmative. Je sais donc que vous êtes en vie, que vous devenez célèbre en Suisse ! ce n'est hélas qu'un substitut bien maigre, comparé à tout ce que vous pourriez me dire ! Racontez ce que vous faites, ce que vous avez fait, ce que vous pensez de l'avenir [...] *Vous êtes pour moi aujourd'hui ce que vous avez toujours été, un homme en qui j'ai une entière confiance et une grande admiration ! J'ose même dire, un de mes meilleurs amis ! J'ai toujours eu l'impression que si je vous revoyais tout à coup, rien ne serait changé, et que nous reprendrions là où nous avions fini...*

New York, 5 avril 1950

N'oubliez jamais que vous êtes les seuls êtres qui me retiennent à l'Europe. Sans vous, je ne penserais au Vieux Monde qu'avec un souvenir triste, mauvais. Triste et mauvais par ce que nous avons vu là-bas ! Et s'il y a une chose à laquelle je tiens plus qu'à toute autre, c'est de penser qu'un jour je pourrai vous rendre à tous une petite visite, rester avec vous quelques jours, et me sentir à nouveau comme dans le bon temps... de la guerre ! »

Oceanville, Maine, 14 juillet 1951

Je découvre un jour une lettre manuscrite de mon grand-père, écrite le 23 août 1943, à Saint-Jean-du-Gard. Au détour du récit qu'il fait à Ruth de son été cévenol, il écrit « *Pierrot vient assez souvent, bien qu'il soit souvent pris par ses leçons matinales. Nous l'aimons beaucoup. Tu vois, nous ne sommes pas tout à fait sans enfant.* »

Les lettres et mémoires de Peter me confieront aussi la petite romance innocente entre l'une de mes tantes et lui : il y décrit leurs sentiments naissants, puis le départ de ma tante pour la Suisse. Il ne rêve que de partir la rejoindre, puis évoque la frontière fermée par les Allemands, la peur de quitter Saint-Jean et de se « *faire prendre par les Allemands* ».

« Se faire prendre par les Allemands ».

Dans un de ses messages, Alexandra avait évoqué un épisode douloureux pour le jeune Peter, l'angoisse éprouvée lors de son arrestation par des soldats. J'ai longtemps cherché les traces de ce drame et les découvris dans les pages de ses mémoires où l'enfant de 15 ans décrivait une séquence presque cinématographique. Coryphée de la scène vécue et racontée par Peter, un officier allemand. Chœur antique, bande sonore et refrain de ce chapitre tragique : les bottes, le bruit obsédant des bottes.

Je me souvins alors d'un des trop rares souvenirs de l'Occupation, que mon père m'avait confié. Le seul peut-être, mais gravé en lui pour toujours : « J'entends encore le bruit des bottes des soldats allemands. Comme un martèlement. C'est tout ce que j'entends. Et je me rappelle avoir eu peur, peur de ce bruit, peur de ces bottes. Je ne peux pas oublier le bruit des bottes. »

La scène racontée par Peter se plie tristement à la règle des trois unités : un quai de gare, une nuit, une arrestation. Peter allait y connaître le même effroi que mon père, accentué encore par la menace d'une arrestation, d'une déportation, peut-être, sûrement.

Comme précédemment, j'ai décidé de citer le texte de Peter, dans son style d'origine. Les rares indices me permettent de situer cet épisode en 1944. Ingrid et son fils reviennent vraisemblablement de Paris, après avoir obtenu de faux papiers. Hans, j'en ai enfin la preuve, vient de s'évader d'un camp de travail : les Allemands sont sur sa piste.

« Je fermais les yeux. On entendit un ordre ; les pas résonnaient. Je vis alors des milliers d'Allemands au garde-à-vous, claquant sans arrêt les talons.
Au garde-à-vous ! Claquant les talons ! Et leur musique d'enfer qui martyrisait l'univers depuis plus de dix ans.
La fumée du train arrêté dans la gare, la figure d'un sergent, des yeux de feu, cherchant à brûler nos intelligences. Un autre le suivait, au regard semblable. Une armée au regard d'acier, pour nous bousculer, nous amortir, nous tuer.

Les pas résonnent dans la nuit noire, éclairés par la lampe bleue qui lançait ses ombres sur le pavé. J'avais rouvert les yeux. Dans le compartiment, six êtres humains, ayant pour seul souci de ne pas être dérangés dans leur sommeil.
Les pas résonnent.
Les crosses choquaient le sol avec un petit bruit d'acier. Une porte claqua :
— Quelqu'un entre, dis-je à ma mère qui elle aussi avait ouvert ses grands yeux.
Et un coup de fouet :
— PAPIERE !
La mort s'appelait PAPIERE. Il entre, l'Allemand, et crie "PAPIERE" avec cet accent militaire sec et dur, traînant sur la fin du mot pour lui donner toute sa valeur.
Un lorgnon regarde et lit, deux yeux vides dévisagent et se moquent. Il passe aux autres voyageurs dans le compartiment. Quatrième voyageur : jusque-là, tous les papiers sont en règle, il grince des dents, écume de rage. Cet homme est un filet, et nous, des poissons effrayés cherchant à se dérober à ses mailles mortelles.
Le cinquième : papiers en règle. Il renifle. Le sixième : papiers en règle. Il grouine. Ses yeux ont perdu de leur éclat moqueur. Ils prient maintenant Dieu de leur donner au moins, une victime. Tout cela arriva.
Je n'ai pas eu peur très souvent, mais au moment où le sixième voyageur fut passé, du venin jaillissait des yeux de l'officier. "Papiers pas en règle !", ce cri me glaça. Il demanda à ma mère :
— Passeport ?
Elle n'avait pas de passeport.
— Il y a bien longtemps que je n'ai plus de passeport.
— Il y a longtemps que vous n'avez plus de passeport ?
— J'ai vécu quinze ans en France.
Et le petit sergent de lancer un petit rire.
— Vous n'allez quand même pas me raconter des histoires ! Moi, j'ai vécu en France dix-huit ans et j'ai quand même mon passeport
Il cria :
— Descendre au poste pour interrogation.

Les bottes des Allemands, martèlement, marteau, claquement de crosses, sale bruit de métal, sifflet strident. Oh que cela me fait peur ! Passeport, pas de passeport, passeport. Poste, interrogation ; poste, interrogation.
Claquent les bottes, cliquent les fusils. Et quoi, si on nous interroge ? Déporta...
Non pas de ça. Grand Dieu, pas de dé...
— Descendre au poste
On nous aida alors à descendre les valises.
— Attention, me dit ma mère en souriant, amère et triste. Courage !
Et nous nous engageons dans la direction du poste, précédé de l'Allemand satisfait, qui avait si bien gagné sa nuit.
Le poste est une sorte de bureau de chef de gare, nu, avec comme décorations deux photos : Hitler et Goering. Un officier allemand est assis derrière une table couverte de papiers. Type parfait du Prussien, au monocle qui pendait d'une chaînette en or, l'air sec, froid comme un mur.
Un chat noir est allongé sur la table, l'officier le regarde d'un air attendri, le caressait. Quel cœur, alors qu'il arrête les gens et les envoie à la mort.
Réaliser le danger est parfois difficile... "Ton père, le JUIF, s'est évadé", me dit la voix. Et s'il me posait cette question !
— Pas de passeport, dit le petit sergent qui se retire satisfait.
L'officier de reprendre :
— Pas de passeport ?
— Mais j'ai un papier qui vaut le passeport.
— Montrez.
Ma mère présente le papier. Mon âme, c'est un faux qui a servi à chercher de fausses cartes d'identité à Paris... Faux papiers, mon âme !
— Depuis combien de temps êtes-vous en France ?
— Quinze ans.
Il regarde le papier en murmurant.
— Louche, louche...
Louche ? ce mot retentit comme la trompette du Jugement dernier.
—Louche, louche.

Un autre Allemand entre, regarde le papier, se tourne vers ma mère, la contemple longuement, et dit :
— Hanovre, hein ?
— Louche, louche...Oui, Hanovre.
J'entendais l'autre murmurer.
— Il y a quelque chose de louche.
La fumée emplissait la pièce, l'électricité dans la pièce, la tension dans la pièce, et cette phrase, cette phrase qui contenait trois vies...
— Il y a quelque chose de louche.
— Hanovre... Il sourit. Savez-vous que le café K... est détruit ?
— Oh ! d'une voix triste.
— Louche, louche.
Mais ferme donc ta grande gueule, salaud.
Les bottes des Allemands claquent, la chambre devient bleue de fumée. Les crosses, un coup de sifflet.
— Mais qu'est-ce qui est louche ? demande l'Allemand de Hanovre.
— Pas de passeport ; elle est allemande et n'a pas de passeport.
Ma mère alors :
— Ce papier ne vous suffit-il donc pas ? Il est en règle.
— En règle, ouais... mais ça cloche, il y a quelque chose qui cloche.
Un ordre résonne à l'extérieur.
— Vous savez, ma femme, je n'ai reçu aucune nouvelle de sa part depuis plusieurs mois.
— Oh, mais c'est terrible, dit ma mère.
— Oui, terrible.
Et il va vers l'officier derrière la table ; celui-ci allume un cigare et murmure :
— Ils vont vers le sud, dans leur petite bourgade... Laisse-les aller.
— Louche, louche...
— Encore, s'ils montaient vers Paris, je ne dirais pas, mais vers le sud ?
— Pas de passeport, ça ne me plaît pas.
Mon âme, posera-t-il la question : votre mari... ? Posera-t-il la question ?
Sadique, arrête donc cette phrase qui tue !
Ma mère dit :
— Alors vous nous laissez partir ? Nous allons manquer le train.

— Laisse-les aller, laissons-les partir.
Silence, un instant peut décider de notre destin.
— Allez, foutez-moi le camp.
Concert d'anges, concert de liberté. Nous sommes libres, les crosses retentissent avec gaieté, les bottes douces, les cris des Allemands sont une musique divine.
— Partons, vite, partons !
Un des Allemands prend nos deux valises, pendant que l'autre, l'animal, regarde, méfiant, en caressant son chat.
Sur le quai, courir vite vers le train. Un terrible grincement des roues, les wagons s'ébranlent.
— Non, non, ne partez pas, monsieur le mécanicien, attendez-nous ! Ne partez pas !
Le train roule doucement, nous courons, nous courons ; je crie, l'Allemand crie. Mais il est trop tard, le train s'en va. Avec lui, nos espoirs. L'Allemand s'excuse : "Ce n'est pas de ma faute..."
Nous sommes dévastés.
— Nous sommes fatigués, dit ma mère, y aurait-il moyen de dormir un peu ?
— Des bancs, répond l'homme qui nous installe sur deux planches.
Il s'agit de fermer les yeux, feindre le sommeil, éviter toute conversation, toute interrogation, et attraper le premier train. Dehors, on entend les pas saccadés, et les fusils. Attraper le train.
L'Allemand rentre.
— Qu'est-ce qu'on va faire ? Le prochain train est à sept heures, et nous serons relevés à six heures. Vous allez donc être de nouveau interrogés.
Si seulement ces bruits de pas cessaient, ces bruits de crosses.
— On va vous réinterroger.
Puis, tout à coup :
— Eh bien, je resterai.
Et il s'en va. À cinq heures et demie, il réapparaît.
— Avez-vous du pain ?
— Du pain ?
Nous étions affamés, et n'avions qu'un croûton précieux. Pourquoi veut-il du pain ?

— Si vous me donnez ce bout de pain, je n'aurai pas besoin de quitter le poste.
Nous lui donnons notre dernier morceau de pain, et il s'en va.
Mon âme, quelques heures nous donneront peut-être le temps de nous cacher. À ce moment, une troupe de soldats entre dans le poste, qui parlent leur jargon militaire et chantent leur musique barbare. C'est l'enfer, l'enfer, mon âme. Les chants, ces chants, les crosses, les armes, rires de démons, cacophonie dont le chef suprême pend au mur : Hitler.
Je regarde ma montre : que c'est long, que c'est long. Et puis, sans prévenir, l'Allemand qui entre et nous dit :
— Allons, vite.
Il prend nos valises, et nous voilà sur le quai. Il est sept heures moins deux.
Courir, courir encore, ne pas manquer le train cette fois.
Nous montons, l'Allemand nous passe les bagages, la porte se referme enfin. Sur le quai, il nous regarde un instant puis s'en va.
Les roues grincent de nouveau sur les rails. Nous partons, nous partons ! J'entends encore les voix qui chantent là-bas, dans l'enfer.
Ma mère regarde par la fenêtre, l'air égaré, puis demande : "Pourquoi n'ont-ils pas posé cette question ?" »

Les premières rafles de familles juives interviendront dès le mois de juillet 1942 à Nîmes. Puis, c'est au mois de février 1943 que les troupes de la Wehrmacht prennent leurs quartiers à Anduze et à Saint-Jean-du-Gard. Alexandra me confirma qu'à l'arrivée des troupes allemandes dans la région, son beau-père fut de nouveau arrêté et interné dans un camp de travail.

Serait-ce à ce moment que mon grand-père prendra la décision de faire cacher, ou de cacher lui-même, Ingrid et son fils dans les collines, du côté du Mont Brion ? Il connaît les risques, mais les assume. Preuve de sa détermination et de son courage à vouloir protéger cette famille du pire.

Entre le 3 et le 25 juillet 1943, à une heure de route de Saint-Jean-du-Gard, cinquante enfants juifs, dont les plus jeunes n'ont que deux ans, seront déportés vers Auschwitz et Sobibor. Peter aurait pu lui aussi vivre son dernier voyage, étouffé dans un wagon bondé, plombé.

Alexandra m'a fourni quelques informations éparses, dont je n'ai eu de cesse de trouver des traces sur le terrain et dans les mémoires des habitants. Dans l'un de nos échanges, elle évoque une « *goat shed* ». Serait-ce une jasse cévenole ? Elle mentionne également le nom du berger, éleveur de chèvres : un certain « Monsieur Alix ». Le jeune Peter semble avoir trouvé, auprès du vieux berger, qualifié d'anarchiste, un véritable mentor.

J'ai souvent cherché à recomposer la vie de ces deux êtres, une mère et son fils, isolés sur les hauteurs des Cévennes. À quoi pouvaient-ils bien consacrer ces longues journées ? Qu'avaient-ils pu emmener dans cette cachette ? Combien de temps sont-ils restés cachés ? Que savaient-ils du sort de leur mari et père ?

Une scène étonnante, relayée par Alexandra dans une de ses lettres, témoigne de la menace rôdant sur les sentiers et dans la vallée. Chaque semaine, Peter devait redescendre de leur cachette pour aller chercher un peu de nourriture à Saint-Jean. Une marche très dangereuse, selon Peter, car les soldats allemands étaient partout. Parcourant des sentiers bien connus de mon grand-père, il descendait vers la Malaygue, passait la Graussille, avant d'arriver à la hauteur du Pont Vieux. Ce long et périlleux trajet, sur les chemins rocailleux, abîmait ses chaussures qu'il devait allait faire réparer chez le cordonnier. Peter pouvait donc compter sur des soutiens discrets et fidèles. Les habitants ne trahirent jamais ce petit garçon.

C'est lors d'une de ces expéditions de subsistance que Peter frôla la mort. Au moment où il allait s'engager sur le Pont Vieux, des tirs éclatèrent. En quelques secondes, il se précipita sous le pont pour s'y cacher. Il échappera aux balles, ou à une possible arrestation, qui toutes deux l'auraient condamné.

Des opérations de ratissage particulièrement meurtrières se déroulaient dans les vallées cévenoles; l'occupant s'inquiétait de la montée de la résistance, cachée dans les nombreux maquis. La petite ville, en plus de sa position stratégique, abritait à l'époque une fabrique de vêtements, spécialisée dans des produits à usage militaire, les établissements Paulhan dont les maquisards s'empareront. Un historien cévenol m'a transmis deux photographies prises pendant cette période. Sur la première figure un blindé allemand posté devant la maison familiale appartenant aux amis d'enfance de mes oncles et tantes. La deuxième, prise par un maquisard, représente un train de vêtements incendié par la résistance. Peter et sa mère pouvaient craindre pour leur vie à chaque instant.

Recomposer la tapisserie du séjour de Peter à Saint-Jean-du-Gard est un exercice difficile. Ses eaux-fortes et aquarelles constituent une première série d'indices, qui m'ont conduit vers les lieux où il avait pu poser son chevalet et ses couleurs. J'ai arpenté les ruelles et méandres de Saint-Jean, les sentiers qui s'enfoncent dans les vallons et ceux qui longent le Gardon, pour ressentir, mettre sous mes yeux les décors et perspectives tels qu'il a pu les percevoir.

Quête de sens, quête de signes: e-mails reçus d'Alexandra, correspondance, entretiens et discussions avec ma famille, avec Marion, recherches de témoins locaux, consultation d'ouvrages et d'articles historiques. Exploiter la moindre piste.

Sur le factuel et l'observable, démarche parfois frustrante, car lacunaire, viennent se greffer la recherche d'articulations humaines, mon questionnement constant sur les sentiments de Peter et des siens, sur les liens affectifs tissés puis déchirés pendant cette période trouble.

J'ai déjà évoqué Ruth la Moabite, l'étrangère, qui choisit de suivre Naomi, sa belle-mère, fille d'Israël. Ruth fit du peuple hébreu le sien et prononça ces paroles qui se grefferont un jour sur ma vie, et détermineront tout mon parcours: « Ton peuple sera mon peuple ». Alors que je progressais dans mon travail de mémoires plurielles, ce serment s'imposait comme une devise sur laquelle j'alignerais ma vie ; je ne pouvais dès lors que marcher dans les pas de Ruth, Marion, Peter, et de ce peuple devenu le mien.

Le Gard est délivré de l'emprise nazie à la fin du mois d'août 44. Accélération soudaine pour les trois familles : Paul Zbinden et son épouse quitteront Saint-Jean l'hiver suivant et parviendront non sans difficulté à rentrer en Suisse au début de l'année 1945.

La famille Heller séjournera encore quelque temps à Saint-Jean après la Libération, où Marion et Hedwige, seules survivantes de leur famille, les rejoindront. De là, ils remonteront en Savoie, temps de reconstruction intérieure avant de quitter enfin le Vieux Continent pour l'Amérique tant attendue.

Albert Einstein, apparu presque miraculeusement dans mon enquête, ne se priverait pas d'y faire encore quelques incursions sans me prévenir. Peter rencontrera à plusieurs reprises son illustre cousin sur le campus de Princeton où le jeune étudiant perfectionne son anglais. Je cite Alexandra : « Einstein a demandé à Peter pourquoi il désirait peindre. Einstein était un homme très curieux, et il n'a cessé de poser des questions à Peter ; ils parlèrent de l'antisémitisme, de la condition humaine et des conséquences désastreuses de la guerre dans le monde. »

À chacune de mes visites de la ville de Berne, notre capitale, j'aime à remonter la rue Kramgasse ; lorsque j'arrive à la hauteur du n° 49, j'aperçois la silhouette du physicien au deuxième étage, il fixe les passants, j'esquisse un sourire. Albert Einstein et Paul Zbinden, le plus grand physicien de l'Histoire et un simple pasteur suisse, deux maillons d'une même chaîne, unis pour sauver trois êtres de l'abîme et de l'oubli.

Déterrer le moindre indice suscite une excitation et une émotion que je compare parfois à celle de l'archéologue mettant au jour un fragment minuscule d'une existence lointaine. Parfois une simple anecdote, à première vue négligeable.

Un de ces fragments surgit l'année de ma rencontre avec Marion. Alors que je passais quelques jours chez mon oncle dans le sud de l'Angleterre et discutais de son enfance à Saint-Jean-du-Gard, il me présenta un magazine où figuraient des photographies prises en 1954-1955. Il faisait alors partie d'un groupe vocal qui accompagnait le prédicateur Fred Squire, son futur beau-père, dans une tournée aux États-Unis comme l'indique la légende : « '*The Fred Squire International Party' bids farewell to the City of New York from aboard the SS. Maasdam, en route for England.* »[13]

Ce groupe, dans lequel je reconnais mon oncle et sa fiancée, sourit à celui que je croyais d'abord être un journaliste. Mais au bas de la page, je découvre une note manuscrite, rajoutée à l'encre bleue par mon oncle : *Photo prise par Pierrot Heller à New York.*

Pierrot ! un surnom qui prolonge l'enfance, et refuse l'emprise du temps. Pour ma famille, il était et serait toujours Pierrot. En ajoutant cette pièce au dossier, j'avais compris que Peter et les siens semblaient s'être amusés à dissimuler des indices et des preuves sur mon sentier. À moi de garder les yeux ouverts.

Peter ! Ainsi, plus de dix ans après la guerre, les liens l'unissant à « sa famille » Zbinden continuaient de déposer leurs empreintes-balises dans nos histoires et souvenirs familiaux : les unes matérielles, lettres et photographies ; les autres immatérielles, souvenirs et témoignages, trésors masqués par la pudeur et le silence qu'il importait de faire surgir et de graver.

Tout document, toute parole prononcée, aussi insignifiants soient-ils, viennent combler des espaces laissés vacants dans le dessin de ces destins. Ma course contre le temps est jalonnée d'indices d'apparence anodine, mais renfermant un arrière-plan, une profondeur, un implicite que je tente à chaque fois d'identifier. « On sent quelque chose caché derrière les choses» chante le troubadour Laurent.

En fouillant par exemple dans les strates de la caissette en métal, j'y ai trouvé des photos de Peter, prises par une de mes tantes. Sur la première, Peter est assis dans une chaise pliante, en bois, dans un petit jardin ; on distingue des fleurs estivales. Derrière la haie, la façade d'une maison à deux étages. Son regard se concentre sur la photographe. Souliers de cuir brillants, montre-bracelet, t-shirt et pantalon assortis. Un certain sens de l'élégance. La deuxième photo le représente debout. Tête baissée, yeux fermés, sourire pincé et séduisant. Avec qui parle-t-il ? Souvenirs de la guerre, premiers émois ? Quel âge peut-il avoir ? Début des années 50 ? Serait-ce la trace de la visite rendue à mes grands-parents, alors qu'il effectuait un séjour en Allemagne avec l'armée américaine ? L'image laisse entendre sans raconter.

Sous ces photos, une carte postale que je n'avais jusque-là jamais remarquée. Au recto, les Gorges du Pas et la plaine de Labahou, près d'Anduze. Au verso, une surprise de taille : des lignes écrites à la plume par Peter, destinées à Ruth Zbinden, une de mes tantes, qui avait été rapatriée en Suisse. La date de l'oblitération est difficilement lisible, on y distingue le mot « Gard ». Deux timbres brun-rouge, représentant le Maréchal Pétain, sont collés à l'envers. Le Maréchal, tête en bas, renversé, a déjà perdu de sa superbe... ! Au-dessous, le cachet allemand : l'aigle nazi et la mention *Obercommando der Wehrmacht*. J'ai eu l'idée de consulter différentes sources philatéliques pour tenter de trouver la date d'émission des timbres utilisés par Peter : 21 janvier 1942. Cette carte si banale de prime abord viendra pourtant confirmer la présence des Heller à Saint-Jean-du-Gard en décembre et janvier 1942, leur relation privilégiée avec ma famille, ainsi que les séjours fréquents de Peter au mazet de Brion :

> *Ma chère Ruth, voilà la nouvelle année qui arrive. Je te souhaite enfin de bientôt revoir tes parents. Nous, nous avons passé la journée du 26* [décembre ?] *jusqu'à minuit chez tes*

parents. Tu penses que nous nous sommes amusés comme des fous ! Je vais aussi souvent à Brion avec tes parents. Beaucoup d'amitié de la part de mes parents, je pense toujours à toi. À bientôt, Pierrot.

Mettre mes pas dans ceux de Peter m'a permis de dessiner les contours d'un être à l'extrême sensibilité, changé à tout jamais par la rencontre de ce pasteur, figure paternelle et spirituelle. Un Peter tout à la fois solaire et habité, hanté, rattrapé en permanence par l'horreur de la guerre.

Un article de 2014 présentant une exposition consacrée aux œuvres de Peter et de son épouse me le confirmera : « Un ancien collègue de travail de Peter a révélé qu'il y a des années, Peter avait dit qu'il essayait d'exprimer ses sentiments concernant l'holocauste à travers certaines de ses peintures. Diane, la fille d'Alexandra, était également présente. "Quand il se passe des choses aussi horribles, comment donner un sens à tout cela ? Il est très difficile d'utiliser des mots pour parler des choses les plus évidentes telles que les meurtres et l'anéantissement… Au lieu de cela, on y fait face en passant par l'image… et comment transformez-vous cela de manière que cela conserve le poids du sujet tout en conservant la beauté des formes ? Pour moi, c'est cela l'art." »[14]

Dans un portfolio qui lui est consacré, Peter fait allusion à la souffrance : *« Mes œuvres peuvent également être considérées comme des paysages intérieurs : ce n'est ni le sujet ni le peintre qui compte. C'est la relation entre les deux – ce qui se passe au milieu, quelque part entre ce qui est vu et ce qui est perçu – la résolution dans la forme des résidus émotionnels et des sensations de l'enfance, de l'âge adulte, des conflits qui nous ont attaqués violemment au XXe siècle. »*[15] Ses paroles font écho à une lettre qu'il adresse à mon grand-père le 5 avril 1950 : *« Je suis toujours très influencé par la guerre ; il semble que je n'arrive pas encore à me libérer de ce poids que je déteste et aime en même temps. Cela crée un combat intérieur, car si la philosophie que je veux développer est celle d'un futur plus encourageant, les tableaux que je produis en ce moment sont encore dominés par cette atmosphère de crainte, de désespoir, il y a conflit.* »

Évoquant les derniers instants de vie de son mari, Alexandra en souligne la tonalité presque lumineuse : « Je vois Peter contempler ses peintures en écoutant de la musique classique. Puis il prononça ces derniers mots, après que la musique se fut arrêtée : "C'est si riche !" Je repris : "Tu parles de la peinture ou de la musique ?" Et il répondit : "de la Vie !" »

Je lis la dernière page des mémoires de Peter.

« Le silence... Fantômes, fantômes. La cendre, la poudre, images déchirées et tragiques. Le voyageur marche seul, errant dans la nuit. Sur le trottoir, un vieux chien assis, regardait la lune. »

La lune, Pierrot, sa larme. Peter, jaune l'étoile, éclatantes les toiles.

IV

La part de l'ombre

Nuremberg, 1er août 1929, il fait aujourd'hui une chaleur accablante dans la pittoresque ville médiévale de Bavière. Au numéro 10 de la rue Laufertorgraben, trois petites filles s'amusent avec la Puppenküchen, réplique miniature d'une cuisine. Hedwige, 6 ans, et Irma, 3 ans, s'inventent une histoire sous les yeux grands ouverts de leur petite sœur, Marion, 1 an. Leur père, Hermann, fabricant et marchand de jouets[16], a pris l'habitude de ramener à son domicile les dernières créations des fabricants ; ses enfants, à l'esprit vif et exigeant, sont à ses yeux les meilleurs des experts. Quand le temps ne compte plus et que les rires fusent, il sait que le jouet est voué au succès.

Ce matin, dès l'aube, banderoles et drapeaux marqués de la croix gammée ont été fixés sur toutes les façades de la ville. La foule se presse déjà sur le parcours du défilé, tandis que des privilégiés s'installent aux loges, aux balcons et aux fenêtres. La ville se prépare pour quatre jours de célébration : le troisième congrès annuel du NSDAP (Parti national-socialiste des travailleurs allemands) devrait rassembler plus de 25 000 paramilitaires du SA et de la SS, des centaines de milliers de spectateurs et invités. Nuremberg et son allure médiévale offrent le décor idéal à cette démonstration de propagande nationaliste. Sa position centrale sur la carte du pays, le soutien et l'organisation du parti nazi dirigé par Julius Streicher, et une certaine sympathie affichée par la police n'ont pu qu'encourager le futur dictateur à porter son choix sur la ville bavaroise.

Soudain, musique martiale, chants et bruits de bottes ébranlent le paisible appartement de la famille Arnstein et interrompent brutalement le jeu. Les petites filles se précipitent à la fenêtre.

De cette maison Art nouveau, la vue sur la vieille ville, ses tours et ses remparts est imprenable. Hedwige et Irma, entre fascination et incompréhension, regardent tour à tour le spectacle et les visages calmes, mais fermés, de leurs parents. Emilie porte Marion d'un bras, et serre la main de son mari. Dans la rue qui serpente vers la place du marché, la marée des chemises brunes, se déversant en rangs serrés, suscite l'adhésion fanatique de la majorité des habitants tandis que l'effroi et la répulsion paralysent une petite minorité condamnée au silence. À quelques centaines de mètres de là, sur la place Hauptmarkt, Hitler, debout dans sa Mercedes ouverte, le bras tendu, répond aux milliers de saluts nazis de ses légions. Aux pieds du futur dictateur gisent les fleurs jetées par la foule, bientôt piétinées par les bottes.

Des cris de joie, des slogans à la gloire du Reich. Rien ne paraît arrêter dans la ville brune la montée de l'antisémitisme, et celle, parallèle, de la dictature manipulant les esprits. Dans les rues, des lecteurs de plus en plus nombreux achètent et dévorent *Der Stürmer*, l'hebdomadaire nazi et antisémite de Julius Streicher, dont les bureaux se trouvent à quelques pas du domicile des Arnstein. En se rendant à son travail, Hermann constate que l'on se presse devant les *Stürmerkästen*, panneaux d'affichage publics du journal récemment installés. En première page, sous le titre en lettres noires gothiques, la caricature de la semaine : en ce mois d'août 1929, elle met en scène deux couples : le premier, allemand et aryen, rêve en pleine nature, admirant la beauté romantique d'une vallée rhénane ; le second, juif et grotesque, assiste à la projection d'un film pornographique. Le dessin est intitulé « La culture juive ».

Au mois de décembre, Hermann découvre avec dégoût et horreur le dessin qui clôt l'année : un jeune homme blond et musclé saisit par le col un homme d'affaires juif, au nez proéminent et mal rasé. En légende : « C'est la fin de l'année. Le combat continue ».

En février, c'est une immense araignée juive qui dévore dans sa toile des victimes allemandes, symboles de la force économique du pays. Son titre : « Les suceurs de vie ».

Pour Emilie et Hermann, l'air bavarois devient peu à peu irrespirable. Il faut se résoudre à partir. Pour cette famille « *très estimée* » (selon un courrier du président de la communauté juive de l'époque), c'est le premier d'une longue série de deuils et d'abandons.

Déchirure. Hermann laissera derrière lui Ernst, son frère cadet, fabricant de poudriers à Nuremberg. Je retrouverai sa trace quelques mois plus tard en Italie, plus tolérable et tolérante pour les *Emigranten*. Malheureusement, dès la promulgation de lois raciales de 1938, rattrapé par l'antisémitisme, Ernst devra échapper aux arrestations de masse et aux emprisonnements. Arrêté à Civitella del Tronto le 30 novembre 1943, puis déporté par le convoi n° 10 de Fossoli vers Auschwitz le 16 mai 1944, il descendra sur la *Judenrampe* le 23 mai, et mourra gazé dès son arrivée.

Je déchiffre la liste des déportés du camp de Fossoli, tapée à la machine à écrire. L'anti-liste de Schindler. On y voit la mention *Staatl.* (*staatenlos*, apatride) en regard du nom d'Ernst Arnstein. Sa citoyenneté allemande lui aurait donc été retirée peu après son départ pour l'Italie. Dans le même convoi, l'actrice Grete Berger, connue pour son rôle dans *Metropolis* de Fritz Lang. Comme une prophétie, son dernier film s'intitulait *Terre sans femmes*. Elle sera assassinée dès son arrivée. Ernst aura croisé puis peut-être échangé quelques mots avec Primo Levi, interné lui aussi à Fossoli : dans son poème « Crépuscule à Fossoli », Primo invoquera Catulle pour tenter de restituer les sentiments des condamnés, Ernst et les autres.

Moi, je sais ce que veut dire ne pas revenir.
À travers les fils barbelés
J'ai vu le soleil descendre et mourir ;
J'ai senti ma chair se déchirer
Aux paroles du vieux poète :

« Les soleils peuvent mourir et renaître :
Pour nous, quand la brève lumière s'est éteinte,
Il ne reste qu'une nuit éternelle à dormir. »[17]

Je remontais désormais la piste de la famille Arnstein. La voix qui m'avait encouragé à recréer le parcours des Heller m'appelait à recomposer celui de Marion et des siens.

Recomposer, comme une partition écrite un jour, jouée une vie, puis déchirée, effacée, brûlée par endroits, une mélodie accords et à cris, sans pause ni répit, où le silence avait fini par remplacer les notes.
Recomposer pour tenter de comprendre la portée du geste de mon grand-père, et prendre la mesure du sort des Heller s'ils n'avaient croisé son chemin.
Recomposer pour Marion. Comme un devoir, un hommage, un honneur rendu, une préservation, une transmission, un refus d'oubli.

Il me vient l'image de la résurrection de Lazare ; un ami du Christ, déposé dans le tombeau depuis quatre jours. Un ordre, un cri plus fort que la mort permettra à celui condamné à l'obscurité de revenir à la lumière. Le texte biblique précise qu'il fallut encore ôter les bandelettes une à une, retirer le linge qui lui couvrait le visage. De la même manière, ne disposant que de maigres indices, quelques photos de famille et souvenirs de Marion, je me consacrai à enlever soigneusement les bandelettes recouvrant les traits et les pas d'Hermann, d'Emilie et de leurs trois filles. Rouler la pierre de l'absence. Dans l'impossibilité de ramener à la vie, je ne peux que rappeler à la vie. Leur famille n'est-elle pas devenue la mienne ?

Je me souviens avoir débuté mes recherches dans le salon de Marion : les signes et preuves matérielles se limitaient à quelques portraits de famille, petites photographies ayant échappé miraculeusement à la destruction ; des souvenirs égrenés au fil de notre discussion, que je devais récolter un à un. Bis repetita : partir du peu, du presque rien, pour tout retrouver.

Mon profond respect pour l'histoire douloureuse de Marion m'interdisait toute forme d'interrogatoire. Je tenais par ailleurs à laisser notre amitié se fortifier, savourer intensément et respectueusement chaque moment passé avec elle. Me refusant toute question qui viendrait remuer un passé qu'elle avait pris soin d'enfouir, je n'avais d'autre choix que de laisser émerger des souvenirs quand elle trouverait bon de me les confier.

Quelle était donc cette force qui m'engageait à ouvrir un nouveau dossier, alors que je peinais à refermer celui des parents Heller et de leur fils ?

Une ébauche de réponse affleure d'une soirée d'un février pluvieux, dans un restaurant parisien, sur le Boulevard de Courcelles. Nicolas, le fils de Marion, nous y a donné rendez-vous. Nous nous racontons, j'évoque mon enquête, les résultats déjà obtenus, et le lien invisible, mais d'une intensité inouïe qui nous rattache à sa mère. Il porte l'élégance verbale et vestimentaire de son père, rehaussée d'une culture qu'il distille avec tact et intelligence. Soudain, le halo de sa discrète retenue se dissipe brièvement, le temps d'une confidence : « Je dois vous le dire, j'ai gardé précieusement chaque e-mail, chaque courrier que nous avons échangé. Mon arbre généalogique a été élagué, privé de tant de branches à cause des camps, de la guerre. Ils ont disparu. Alors, vos recherches, cette histoire, me restituent, me rendent un peu de ce qui a été perdu. »

Je serai donc les pas et l'ombre des Arnstein. Marion dernier maillon. C'est pour elle, pour son fils aussi, que je remonterai le temps, à contre-courant de l'oubli.

Arrêt sur images.

De mon catalogue personnel, bâti au fil de mes années d'investigation, j'extrais trois portraits de Hermann Arnstein que je choisis de décrypter. Qui étiez-vous ?

Le premier portrait, retrouvé dans les archives de Nuremberg, est une photo d'identité : le regard décidé et affirmé, col blanc, moustache légère et soignée, cheveux courts, plaqués et soignés, soulignés d'une raie sur le côté. Pourquoi me fait-il penser à Stefan Zweig ?

Le deuxième est l'élément central d'un petit triptyque au cadre doré, posé avant la guerre sur le piano familial, se souvenait Marion. Les yeux mi-clos, la tête légèrement penchée, Hermann respire la sérénité. Il sourit. Le blanc de sa chemise se confond avec celui du décor de sorte que le visage semble en suspension, détaché du réel, en repos presque éternel. Nous sommes en 1937, 1938 peut-être.

La dernière photo raconte une histoire d'amour tendre, complice et destiné à durer. Elle me touche. Inséré dans un petit médaillon ovale, dont la dorure originale a disparu, le couple Arnstein pose, assis, face à une petite table devant une haie assez haute. Dans un jardin peut-être. Le manoir familial de Kerlouarnec ? Hermann, à l'élégante chemise blanche, rehaussée d'un petit pull sans manches, fixe l'objectif. Symétrie et régularité des traits, le sourire s'aligne sur des yeux plissés, où se lisent encore une fois l'équilibre et le calme. Ses deux mains se croisent sur sa jambe, renforçant sa posture sereine. Derrière lui, glissée délicatement sur sa nuque, apparaît la main de son épouse. Vêtue d'un ensemble blanc, rehaussé avec goût par un bandeau de même couleur qui serre ses cheveux, elle laisse son bras

exprimer sa protection et leur symbiose. Emilie s'appuie sur la table, d'un coude léger, soutenant de l'index son visage. Le couple respire douceur et harmonie. Issue d'une famille juive appartenant à la grande bourgeoisie, elle a reçu avec Hans, son frère cadet, une éducation ouverte et raffinée. Ses parents, Paul Heller et Edwige Levi, ont su transmettre à leurs enfants leur passion commune pour la musique classique. Le couple se complète à merveille, dans une euphonie très complice. Mais en examinant de plus près cette scène, on peut remarquer que le temps et l'Histoire l'ont salie de leurs empreintes : comme un présage. Des impacts blancs parsèment et criblent l'image. Une griffure, comme un barbelé, traverse la poitrine d'Hermann. Derrière Emilie, un nuage blanc, tulle de lumière, volute de fumée prémonitoire.

Hermann Arnstein. « Mon père », ce refrain prononcé pudiquement par sa fille à chacun de nos échanges dans son salon. La violence de l'Histoire, puis les fragilités de la mémoire ont toutes deux contribué à l'effacement progressif des membres de sa famille. Ce chef-d'œuvre en péril, leurs destinées familiales, j'ai voulu les préserver. Écrire ces vies, raconter ces êtres et ces familles, s'apparente à un acte de restauration d'une peinture dont on analyse les sous-couches, les non-dits, les voiles et les strates ayant peu à peu recouvert des trésors oubliés. Un peu « trouveur », révélateur des chemins, guérisseur des fissures ou des craquelures ayant blessé la toile des mémoires et des existences.

Dévoiler, exhumer, restituer.

Tout au long de mon enquête, le moindre indice ouvre une arborescence de possibilités qu'il s'agit d'évaluer constamment, quitte à revenir sur mes pas après m'être égaré. Un exemple parmi d'autres : un répertoire des familles juives originaires de la ville de Fürth, où Hermann vit le jour le 27 décembre 1884, indiquait comme premier domicile connu à Nuremberg, Königstrasse 65. La maison était encore intacte, ayant échappé aux bombardements alliés. J'imaginais leur vie dans cet appartement, l'étage où la famille Arnstein avait logé, les magasins bordant la rue, le type de voisins et les événements dont ils avaient pu être témoins dans ce quartier.

Toutefois, ne pouvant me satisfaire de cette seule source, je me mis en quête de confirmations, et, grâce à l'aide précieuse d'Eric Bernard, membre de l'association des Amis de la Fondation pour la Mémoire de la Déportation, j'accédai au dossier de naturalisation française de la famille Arnstein déposé aux Archives nationales. Une mine d'or de 117 documents. Sur une feuille jaunie et écornée, Hermann mentionne toutes ses adresses en Allemagne ; c'est là que je découvre mon erreur : *De 1921 à septembre 1931 – Nuremberg, Bavière. Laufertorgraben 10.* Tout est à reprendre. *Laufertorgraben* : je dois localiser la rue, vérifier qu'elle porte toujours le même nom, identifier les bâtiments, vérifier si le quartier a été détruit par les bombes, chercher à savoir s'il s'agit de reconstruction moderne ou à l'identique. La chance est de mon côté, la rue n'a subi aucun dommage majeur.

Ainsi, à chaque palier, j'endosse le rôle d'un visiteur du passé, cherchant la porte, levant les yeux, pénétrant dans la cage d'escalier, gravissant une à une les marches qui me conduiront dans leur intérieur. Rare privilège qui me sera partiellement accordé lorsque je les suivrai dans leur premier logement parisien.

En cet été 1931, la seule préoccupation du couple Arnstein est d'échapper à Nuremberg, sans plus attendre. Peu importe le prix. Pour Hermann, sans la moindre hésitation, ce sera la France. Sa mère est française : Hendle Henriette Henlé, née à Paris en 1859, est la fille d'un commerçant du Sentier. Les documents administratifs rédigés par Hermann témoignent d'ailleurs de sa maîtrise de la langue française écrite. Lorsqu'il prend la parole, il laisse poindre un *léger accent germanique*, souligne un rapport de police de 1936. *Francophile, pleinement assimilé*, pour reprendre les termes du même rapport, et profondément attaché à son ascendance maternelle, il ouvrira dès 1904 un bureau à Paris. Les affaires sont plutôt florissantes pour l'entreprise familiale qui exporte une partie de sa production de jouets vers la France. Hermann séjourne très régulièrement en France.

En 1910, à 26 ans, il passera une année à Paris pour y développer son activité économique brutalement interrompue par la guerre de 1914-1918. Hermann échappe au front pour raisons de santé, mais se retrouve affecté dans un bureau munichois de l'hiver 1917 jusqu'à la fin de la guerre au sein du détachement de réserve d'aérostiers bavarois. Il sera libéré le 15 novembre 1918. Trois ans après, le 21 mars 1921, il épouse Emilie. Une année après le congrès nazi, nous sommes le 26 septembre 1931, Hermann et Emilie, qui viennent de célébrer leur dixième anniversaire de mariage, arrivent à Paris avec leurs trois filles.

Instant de grâce : lorsqu'un document surgissant du passé vient m'offrir un détail plus réaliste des acteurs de cette enquête mosaïque ; ici, une attestation signée d'une Madame Dubois en 1933, certifiant que la famille Arnstein avait bien séjourné dans sa pension, les Villas Saint-Honoré d'Eylau, jusqu'au 7 mars 1932. Une carte postale d'époque prise dans le salon de cette pension permet d'y sentir l'atmosphère d'une résidence réservée à une élite bourgeoise : piano à queue, tableaux de maîtres, lustreries, mobilier cossu ; dans un fauteuil, un homme barbu fait mine d'être plongé dans un livre, une jeune femme pose ses mains sur le clavier, sous le regard de sa mère, tournant les pages des partitions. Un deuxième homme, arborant une moustache soignée ne sait où regarder, tandis qu'un jeune garçon engoncé dans un uniforme fixe le photographe d'un air méfiant.

Mes yeux se troublent. À force de regarder ces inconnus, leurs contours s'estompent, leurs visages s'effacent. Hermann, Emilie, Hedwige, Irma puis Marion prennent peu à peu leur pose, leur place. Illusion d'optique ou osmose visuelle. La cruelle injustice subie par les âmes fauchées trop tôt nous pousse peut être à les chercher du regard, ici, partout. Des figurants d'une tragédie sur laquelle le rideau est tombé, des revenants de la clairière aux cendres.

Une autre carte, au charme désuet des années folles, en couleur celle-ci, représente l'entrée de la pension, hauts-de-forme, personnel chargé des malles des voyageurs, un lévrier au premier plan, quelques jeunes femmes sveltes et vêtues de rose s'abritent sous des ombrelles. Luxe, calme et insouciance avant les années noires.

La voix de Marion, récemment, au téléphone : « Je me souviens de cette pension. Nous regardions passer par la fenêtre les corbillards qui se rendaient à l'église toute proche. »

Dès son arrivée en France, Hermann avait fondé deux sociétés : « Arnstein et Cie » dont l'activité principale est l'importation de jouets depuis Nuremberg, « Concentration de fabriques », qui fabrique des jouets en France. Mais la spoliation nazie et la pression se renforcent sur les émigrés : après avoir encouragé l'émigration juive, l'autorité nazie suit sa feuille de route en cherchant à priver de leurs biens les Juifs qui fuient l'Allemagne. Un des couperets de cette persécution économique prend la forme de la taxe à l'émigration, toujours plus élevée, et sur l'abaissement progressif des montants pouvant être transférés à l'étranger par les banques allemandes. Dans un plaidoyer pour sa naturalisation française rédigé au début de l'année 1935, Hermann laisse apparaître ce sentiment d'injustice, inscrit en filigrane d'un compte rendu à première vue très factuel.

Hermann ou la voix des victimes dont on n'ose parler : notables, riches bourgeois, entrepreneurs, chefs d'entreprise, intègres et soucieux de leurs employés. Antithèse de la caricature antisémite, Hermann respectait ses employés ; Hermann, objet et non sujet d'exploitation :

« Avant mon départ d'Allemagne, en septembre 1931, je me suis présenté au bureau du Fisc, à Nürnberg. Tous mes impôts ont été payés.
Pour obtenir la permission de transporter [sic] *mon domicile en France, on m'a demandé de déposer 50 000 Marks (300 000 Frs) pour garantir le paiement des taxes de succession.*
Depuis lors, j'ai payé ces droits ainsi que tous mes autres impôts (environ un million de francs) jusqu'à la fin 1934, sans que le dépôt de 300 000 Frs qui avait été fait le jour de mon départ m'ait été rendu.
Ce dépôt de 300 000 Frs, mes immeubles, ma Maison de commerce et tout ce que je possédais en Allemagne (créances hypothécaires, deux assurances vie, etc.) ont été confisqués par suite du non-paiement de l'impôt de départ (Reichsfluchtsteuer).
La loi fixant l'impôt de départ a été promulguée le 8 décembre 1931 ! Or, mon départ s'est produit en septembre 1931, avec toutes les autorisations officielles.
Le 15 novembre 1934, j'ai licencié une partie du personnel de ma Maison de commerce à Nürnberg pour le 31 décembre 1934.
Les marchandises destinées à mes maisons de Paris étaient livrées seulement contre remboursement. J'ai dû envoyer de Paris les salaires de fin novembre 1934 à mes employés allemands.
Par l'intermédiaire de l'Ambassade d'Allemagne à Paris, j'ai reçu par voie de justice contrainte de payer à partir du 31 décembre 1934, quatre mois supplémentaires à tous mes employés et ouvriers et dix-huit mois aux deux fondés de pouvoir, et ceci en envoyant les fonds de Paris.
Il n'a nullement été tenu compte des avoirs rentrés à ma Maison de Commerce à Nürnberg (dont j'étais le seul propriétaire), mais, par contre, ils ont été confisqués par le fisc allemand. »[18]

J'apprendrai que le Journal Officiel Allemand du 17 décembre 1934 avait publié une décision du bureau des Finances de Nuremberg enjoignant à tout agent de police d'arrêter Hermann s'il rentrait en Allemagne... C'est donc sur plusieurs fronts qu'Hermann Arnstein engage une bataille qu'il se refuse d'évoquer devant ses trois filles.

Les protéger, toujours, jusqu'au bout.

Les pressions et menaces du Reich, les refus successifs de lui accorder la citoyenneté française, l'émergence progressive d'un sentiment antisémite, l'arrivée à Paris de sa sœur, accompagnée de son époux et du jeune Peter, sont les signes annonciateurs de la tempête. Le pressent-il ?

Il avait déposé une première demande de naturalisation en mai 1933, agrémentée de nombreux documents favorables et de recommandations. Toutes ces pièces défilent devant mes yeux : elles témoignent de la détermination et de l'intégrité d'un homme aimant un pays, son pays, luttant de toute son énergie pour y être reconnu, accepté, validé. Ce dossier me touche. J'imagine Hermann réfléchissant aux appuis sur lesquels il pourrait compter, saisissant sa plume pour les convaincre de plaider en sa faveur.

Chaque lettre me révèle en filigrane quelques points de l'itinéraire des Arnstein. Ici c'est une missive rédigée par un partenaire commercial d'Hermann, rédigée à Rouen, le 27 juin 1934 : « J'atteste par la présente bien connaître Monsieur Hermann Arnstein et sa famille depuis près de 40 ans. Mon père ayant fondé vers 1890 une Maison de Commerce connue à Rouen sous le nom de "Grand Bazar Parnaudeau", nous avons mon père et moi toujours eu depuis cette époque des relations commerciales très suivies pour les articles en jouets dont nous avions besoin.
Je suis allé passer 2 ans à Furth (Bavière) de 1889 à 1900 dans la Maison de Commerce d'Importation de jouets en France que tenait à cette époque Monsieur A.E. Arnstein, père de Monsieur Hermann. J'ai pu pendant ce séjour me rendre compte de l'honorabilité de cette famille, de son amour du travail, de son éducation et de l'estime dont elle était généralement entourée.
D'autre part, je crois savoir que la mère de Monsieur Hermann Arnstein était née Française et que toute la famille Arnstein était francophile. Je sais que Monsieur Hermann me demande aujourd'hui cette attestation afin d'obtenir sa naturalisation.

C'est de grand cœur que je la lui donne, car je suis persuadé de la sincérité de ses sentiments. »
Sous sa signature, Monsieur Parnaudeau ajoute à la plume « ancien combattant ».

Puis c'est un représentant de commerce de la Maison Arnstein qui souligne la bonne réputation de la société, et ajoute qu'il a logé à plusieurs reprises chez les Arnstein à Nuremberg, une famille « très bien considérée à Nuremberg en raison de sa droiture et de son honnêteté ». Un responsable de la « Commission de jouets » au sein de l'entreprise rappelle que la famille Arnstein est « très estimée dans la ville », tandis qu'un rapport du Commissaire de Police d'Auteuil soutient la demande de ce postulant « bien assimilé »...

Parmi les pièces de ce puzzle administratif, une lettre ornée de l'en-tête suivant : *ARNSTEIN – 23 Av. Léopold II, Paris XVIe – Tél : Aut. 57-41.* La date de cette requête destinée au ministre de la Justice lui-même me fait sourire, 16 janvier 1934. Elle fait suite à une double adresse au même ministre datée du 2, puis du 4 mai 1933. Hermann ne baisse jamais la garde.

Jean Bourdeillette, Consul de France à Nuremberg, dans une lettre qu'il adresse en juin 1934 au ministre des Affaires étrangères, indique que Monsieur Arnstein « est honorablement connu et se trouve dans une excellente situation de fortune. D'après les informations que j'ai recueillies, il a manifesté des sentiments sympathiques vis-à-vis de notre pays. » Sa demande sera toutefois ajournée, car « prématurée », sous prétexte que la « résidence étant beaucoup trop courte pour un commerçant allemand qui représente en France des maisons allemandes. »

Hermann, avec persévérance et dignité, présente une nouvelle demande à la fin de l'année 1936, dans laquelle il souligne que le chiffre d'affaires de sa fabrication française a augmenté et qu'il peut envisager qu'elle poursuivra sa courbe ascensionnelle les années suivantes. Il ajoute que sa fabrique « fait vivre 20 personnes, toutes françaises, et un nombre beaucoup plus important d'ouvriers, à façon, également français et qu'il en emploiera bien davantage quand elle aura pris tout son développement. »

C'est le ministre du Commerce et de l'Industrie, Georges Bonnet, qui mettra tout son poids dans la balance pour empêcher Hermann Arnstein d'obtenir la naturalisation française. Le ministre cite comme argument les conclusions négatives de la Chambre de Commerce de Paris : « M. Arnstein est surtout un importateur de produits allemands qu'il utilise pour des fabrications auxquelles se livre déjà dans des conditions assez difficiles un certain nombre d'industriels français. Dès lors, il ne paraît pas possible à cette Compagnie de maintenir l'avis favorable précédemment émis. »

Ainsi le ministre Bonnet *in persona* choisit de contrer son prédécesseur et de bloquer le dossier Arnstein.

Une intuition me laissait penser que ce refus cachait d'autres motivations, dissimulées sous l'argumentaire économique. Je décidai d'en savoir plus sur le ministre.

Hannah Arendt dans son livre *Eichmann à Jérusalem*, puis Gérard Boulanger dans *L'Affaire Jean Zay* confirmèrent mes doutes. Bonnet avait progressivement glissé sur la pente d'une politique antisémite et xénophobe, d'abord réfrénée avant d'être assumée. Selon Arendt, Bonnet songea à envoyer dans une colonie française les 200 000 Juifs étrangers résidant en France. Boulanger décrit la rencontre qu'aura Bonnet avec Ribbentrop en 1938, rapportée en ces termes par Ribbentrop au Führer : « La question juive : Quand j'eus dit à M. Bonnet que je ne pouvais aborder officiellement cette question avec lui, il répondit qu'il voulait simplement me dire en privé tout l'intérêt que portait la France à une solution du problème juif. À ma question sur ce que pouvait être l'intérêt de la France, M. Bonnet répondit que, d'abord, ils [les Français] ne désiraient plus accueillir de Juifs venant d'Allemagne et demanda si nous ne pouvions pas prendre des mesures quelconques pour les empêcher de venir en France, et que, ensuite, la France devait expédier 10 000 Juifs allemands. Ils pensaient pour cela vraiment à Madagascar. Je répondis à M. Bonnet que nous voulions tous être débarrassés de nos Juifs, mais que la difficulté tenait au fait qu'aucun pays ne souhaitait les accueillir, et puis au fait qu'il y avait un manque de devises. »[19]

Le ministre, comme tant d'autres, laissait entrevoir peu à peu le diabolique esprit qui l'habitait.

C'est le 12 mai 1937, après trois tentatives et quatre années de lutte, que les membres de la famille Arnstein obtiendront enfin le statut de citoyens français. Ce rêve se brisera cinq ans plus tard : la nationalité leur sera retirée, leurs cartes d'identité se verront souillées par le tampon portant la mention « Juif ».

La famille Arnstein demeurait depuis le 7 mai 1932 au n° 23 de l'avenue Léopold II : « un magnifique appartement », selon les souvenirs de Marion. Alors que nous parcourions un album de photographies ayant appartenu à sa sœur Hedwige, dit Hedi, je remarque celles d'un intérieur bourgeois ; Marion les reconnaît : « C'est la bibliothèque de notre appartement, avenue Léopold II... Il y avait la chambre de mes parents, la salle de bains de mes parents, la chambre d'Hedi, une petite salle de bains, la chambre d'Irma et moi, et puis une autre plus petite chambre pour Miss, que j'aimais beaucoup. Elle était épatante, on a beaucoup ri avec elle. Il y avait l'office et la cuisine, c'était très grand. Je me souviens du couloir entre la cuisine et l'entrée, un assez long couloir, on y faisait du patin, quand mon père n'était pas à la maison... »

Cinq photos. Cinq survivantes. Comment ont-elles traversé la spoliation, la fuite, la destruction, la disparition ? Confiée à une voisine peut-être, une amie ?

Un titre écrit d'une main tremblante, *La maison à Paris*. Comme les cinq fragments d'une nature morte, les pièces semblent vides, désertes. L'une d'elles a figé le bureau d'Hermann. Des toiles de maîtres ornent les parois. Sur un secrétaire aux tiroirs marquetés, je distingue deux grandes photographies : la première représente trois petites filles assises côte à côte sur un talus, la deuxième est un portrait d'Emilie. Hermann travaillait sous leur regard. Chaque prise de vue révèle ces détails insignifiants, presque banals au moment de leur captation par le photographe. Mais aujourd'hui, derniers témoins silencieux et disparus, ils ont pour moi le langage des gestes et des voix de la famille Arnstein. Un service à thé, une pendule indiquant 13 heures, un téléphone (dont j'ai retrouvé le modèle, un BCI 1924), des franges de tapis dérangées par des pas, un reflet de soleil sur une peinture, une silhouette que l'on distingue au fond du couloir. Indices de vie, des silhouettes et des ombres, fuyantes et absentes destinées.

Les trois sœurs seront inscrites au Lycée Molière, à quelques minutes de l'appartement familial. Maillon inespéré dans la chaîne des adjuvants de mon inlassable quête, Anne-Marie Poutiers, présidente de l'association des anciennes élèves du lycée Molière. Grâce à son aide précieuse, j'obtiens les fiches d'entrée des trois sœurs : Hedwige, le 1er octobre 1932 ; Irma, le 16 février 1933 ; Marion, le 1er octobre 1934. Ces documents soulèvent des questions toujours sans réponse : Hedwige (Hedi) quitte le lycée en juillet 1935, à l'âge de 12 ans ; Irma, en décembre 1935, à l'âge de 9 ans ; Marion au mois de juillet 1939, à l'âge de 11 ans. Ces fiches reflètent également les changements de statut de leur père : d'abord identifié comme « Allemand », complété une année plus tard par l'indication « Israélite » ; nouvelle correction en 1937, avec la suppression de son identité allemande remplacée par la mention « Française ».

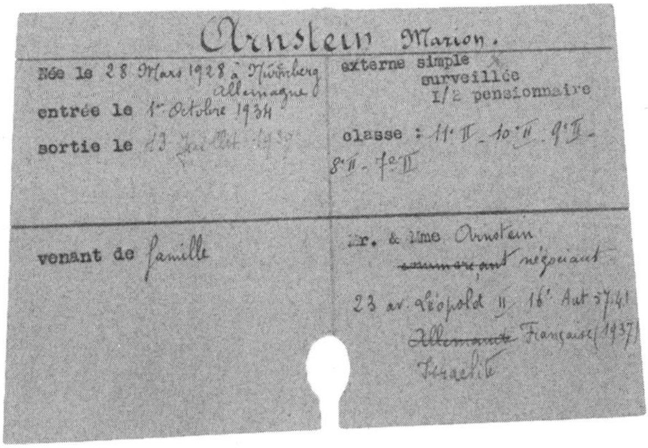

Arnstein Marion.

Née le 28 Mars 1928 à Nüremberg Allemagne
entrée le 1er Octobre 1934
sortie le [illegible]

externe simple
surveillée
1/2 pensionnaire

classe : 11e II - 10e II - 9e II - 8e II - 7e II

venant de famille

Mr. & Mme Arnstein
commerçant négociant
23 av. Léopold II 16e Aut 57.41
Allemande Française (1937)
Israélite

Suivre leurs ombres. Restituer de la substance, de la présence à l'impalpable et au vide. Porter mon regard sur ce qu'elles voyaient, laisser glisser mes doigts sur les mêmes grilles, entendre le sable du même square crisser sous mes pieds, pousser la porte et pénétrer dans le hall de l'immeuble, la cage noire et métallique du vieil ascenseur, les mêmes escaliers de marbre blanc, la rampe brillante à laquelle s'agrippaient les petites mains de Marion. Témoins de rires, complices d'enfance. Ces escaliers renferment des bribes d'histoire de la famille Arnstein, un écho lointain dont je ne perçois que les murmures, sans parvenir à le déchiffrer. Les voix d'Emilie et Hermann, amoureuses ou inquiètes ; l'accent anglais de Miss rappelant à l'ordre les trois sœurs ; le bruit des patins à roulettes ; les malles et valises, heurtant les marches, au départ vers la Bretagne ; les bruits des bottes dans le hall ; les pleurs et les tremblements de la fuite ; les cris des arrestations ; les onze caisses de bois chargées des ouvrages et des biens ; le silence d'un immeuble vide.

Après avoir parcouru le chemin emprunté, « empreinté » par les trois sœurs Arnstein, je me retrouve devant la porte imposante du lycée. Sur le trottoir d'en face, une vitrine de bois brun, surmontée de lettres « Ébénisterie », s'ouvre sur le trottoir. Je traverse la rue pour m'en rapprocher. Collées contre la vitrine, d'anciennes photos racontent l'histoire de l'entreprise familiale.

Cent ans de transmission, de restauration et d'entretien. Sur l'une d'elles, datée de 1930, deux hommes posent fièrement devant l'enseigne. Un vélo est appuyé contre la façade. Tous les jours, Marion et ses grandes sœurs devaient les voir. Leurs visages sont-ils venus se plaquer contre la vitre, comme je l'ai fait, pour entrevoir l'activité mystérieuse des artisans ? Hermann leur a-t-il confié la réparation ou la confection d'un de ses nombreux meubles ?

En gravissant les marches pour rejoindre le couloir, une plaque sombre, fixée au mur qui me fait face, attire mon regard : sept noms, sept élèves morts en déportation. Le premier, Irma Arnstein, 17 ans. Madame Poutiers, mémoire dynamique et vivante de cet établissement, s'inscrit dans la longue succession de clins d'œil que j'aime à considérer comme miraculeux. Elle m'entraînera dans les moindres recoins de l'établissement, pour y retrouver les lieux et les espaces familiers aux jeunes filles Arnstein.

Des galeries bordées d'arcades surplombent la cour de récréation qu'elles bordent sur les quatre côtés. Un lieu refuge. Nous referons ensemble le chemin qui nous ramène à l'appartement familial, et longerons le square. Ont-elles couru dans ses allées avec leur petit cousin ? Des cris joyeux, des poursuites, des parties de cache-cache, des genoux égratignés, des pleurs. Aujourd'hui, le square est vide et silencieux.

Printemps 1939. Rendus sensibles à l'atmosphère d'instabilité et de guerre qui plane sur l'Europe, Hermann, Emilie choisissent de s'éloigner de la capitale avec leurs enfants pour louer un logement à Quimper. Leur exil volontaire durera deux ans, de juin 1939 à juillet 1941. Tout d'abord au n° 6 de la place Corentin, puis au n° 2 de la route de Locronan. Poursuivis et rattrapés par l'inexorable, les Arnstein voient avec effroi les troupes allemandes entrer dans Quimper les 18 et 19 juin 1940. Une étude détaillée du plan de la ville à cette époque me signifie que le premier appartement occupé par les Arnstein se trouvait à mi-chemin entre le siège de la *Feld-Kommandantur* et celui de la Gestapo ! Je comprends dès lors pourquoi Hermann choisit de déménager pour s'éloigner du centre de la ville et trouver peut-être un peu plus de sécurité.

Après ces deux années passées en Bretagne, la famille revient très brièvement à Paris où elle sera hébergée par l'associé d'Hermann, André Gibon, à l'avenue Mozart 52, en « raison de l'occupation de son appartement par les autorités allemandes », précise un rapport de police ; un paragraphe sobre, mais douloureux le conclut : « Avant la parution des Ordonnances Allemandes concernant les Juifs, et depuis son entrée en France, Arnstein était gérant associé de la Société Arnstein et Cie et de la Société Concentration de Fabriques ayant pour but la fabrication de jouets et d'articles de Paris, sociétés dont l'intéressé s'est retiré, conformément aux prescriptions des ordonnances susvisées. » L'aryanisation des entreprises juives est en marche, Hermann vivra de sa fortune personnelle.

L'armée allemande, entrée dans Paris le 14 juin 1940, avait très vite placé le 16e arrondissement au cœur du dispositif de réquisition : désormais les martèlements des bottes avaient étouffé les rires, puis effacé les dernières traces des patins à roulettes.

Me reviennent en mémoire les paroles du jeune Peter : « *Le dimanche, j'allais chez ma tante, où mes cousines jouaient au Monopoly. Aujourd'hui, un voile s'est posé sur cette vie trop facile, je ne regarde plus mon enfance que comme une période perdue où j'étais trop petit pour comprendre mon bonheur, trop jeune pour entrevoir les malheurs à venir.* » Le Monopoly autour de la table familiale : cette même séquence de vie m'avait été racontée récemment par Marion : « On jouait au Monopoly. Qu'est-ce qu'on a joué ! Et qu'est-ce que ma sœur aînée trichait. Elle tenait la caisse. Alors qu'on était occupé à vendre les maisons, elle ramassait un petit billet, en toute discrétion. Tandis que ma tante, Ingrid, n'aimait pas du tout perdre. »

Diptyque précis et troublant à la fois, ce moment repère, moment-trace, moment-catalyseur de reconstitution mentale, *re-enactment* sécurisant et familial, est resté gravé en eux malgré le grand engloutissement. Le souvenir de Marion et de son cousin chante avec nostalgie Emil Cioran : « Je donnerais tous les paysages du monde pour celui de mon enfance. »

Je regarde à nouveau les deux seules photos prises dans l'appartement des Arnstein : on distingue des gravures, tableaux de maîtres, des vases de collection, un vaisselier à deux portes sur lequel sont exposés trois plats en porcelaine. Spoliation, dépouillement, dépossession, comme une réalité insupportable. Sur mon métier à tisser, dans mon processus de re-création, de réanimation d'un passé auquel je refuse le droit de disparaître, ces images saisies dans l'appartement des Arnstein résonnaient comme une invite impérative : leurs biens, leurs collections de peintures, leurs meubles auraient-ils été, eux aussi, déracinés, partagés, dispersés, ou réduits en cendres ? Qu'était-il advenu du paysage d'enfance de Marion et de son éphémère paradis originel ?

Le numéro 23 de l'avenue Léopold II figurait-il sur la liste des cibles de l'*Einsatzstab Reichsleiter Rosenberg für die besetzen Gebiete* (Équipe d'intervention du Reichsleiter Rosenberg pour les territoires occupés) ? L'ERR, conçue par Alfred Rosenberg, un idéologue du régime nazi, organisait en effet la saisie des biens dans les territoires occupés par l'armée allemande. J'ai pris récemment connaissance de la mise en place de l'« Opération meuble », l'« *Aktion Möbel* », qui visait spécifiquement 40 000 appartements juifs parisiens, comme une préfiguration objectifiée du sort bientôt réservé à toute la communauté juive : des meubles d'abord arrachés à leurs murs, parqués dans trois lieux d'internement et de tri, avant leur envoi, en train, vers de nouveaux territoires de l'Est, ou vers des officiers allemands pour les plus « privilégiés ». Trois entrepôts parisiens, véritables marchés d'esclaves de bois, de tissu et de métal où officiers et dignitaires allemands, parfois accompagnés de leur maîtresse ou épouse, choisissent avec cynisme et sans honte « leurs » chefs-d'œuvre. Au 85-87, rue du Faubourg-Saint-Martin, à Paris, s'entassent les sinistres trophées dérobés aux familles juives, principalement des objets de la vie quotidienne : jouets, vaisselle, articles ménagers. Aux musées du Louvre et du Jeu de Paume, les collections d'art.

Après une nouvelle traque et fouille sur Internet, armé d'un nom de famille et d'une adresse, surgit sous mes yeux un rapport déclassifié des archives des forces armées américaines. Je lis : « *Declassified Law CIA – June 1974. Office of strategic services. Art Looting Investigation Unit APO 413. US Army. Consolidated interrogation report n°1. 15 August 1945. Activity of the Einsatzstab Rosenberg in France.* »

Les pages défilent. Une liste alphabétique : « *Comprehensive list of collections confiscated by the E.E.R.* » Le quatrième nom est celui d'Hermann. Surprise. Une date de « saisie » : 12 mai 1941. Le nombre de caisses employées pour stocker son patrimoine : 11. Puis, une Madame Robert Braun, habitant elle aussi la même adresse. Une voisine, vraisemblablement veuve. Un fichier du Mémorial de la Shoah mentionne sa bibliothèque, comportant 4500 très beaux volumes de littérature classique et contemporaine, d'histoire de l'art et de partitions dont une soixantaine ont été retrouvés après-guerre. De ces archives, de cet immeuble surgissent des bribes de vies. Il faudrait le génie de Perec pour écrire le lieu et faire revivre ce qui n'est plus : le roman d'un immeuble et de ses disparus.

Les pistes et révélations s'enchaînent : je mets la main sur les « *Records of the American Commission for the Protection and Salvage of Artistic and Historic Monuments in War Areas, 1943–1945* ». À la page 128, quatre lignes, un nouvel indice.

Arnstein, Hermann
23 Avenue Léopold II, Paris, France
Documents seized at Einsatzstab Rosenberg headquarters (E.E.R.), Paris, indicate that the subject collection was one of the Jewish collections looted by the E.R.R.

Ainsi, cette intimité souillée et dérobée, ce crime en uniforme avait été retranscrit. En hibernation depuis huit décennies, il attendait de pouvoir témoigner encore une fois devant la cour des lecteurs et des nouvelles générations. Le terme de « biens » prend ici tout son sens, et ne peut que renforcer la violence et les blessures morales infligées par la machinerie du mal. Le dictionnaire Littré associe la spoliation au vol d'un héritage. La « confiscation » du patrimoine relève de la stratégie diabolique visant à annihiler l'autre et son histoire, lui refuser ascendance et descendance. La famille Arnstein, et leurs voisins de l'avenue Léopold II, verraient bientôt leurs biens (devrais-je ici l'écrire au singulier ?), ces objets, empreintes et porteurs de souvenirs et d'histoire familiale, saisis et salis.

S'ouvre ici une parenthèse qui témoigne du va-et-vient incessant entre passé et présent, propre à mon travail. Ce sentiment toujours plus prégnant que l'un vient éclairer l'autre, comme l'illustre cet épisode, témoin des nombreux rebondissements venus relancer mon enquête.

Je parviendrai jusqu'à l'inventaire complet des œuvres volées à la famille Arnstein, entreposées au musée du Jeu de Paume. Une note sobre, erronée et douloureuse accompagne la fiche qui leur est consacrée : « *(Arns) Hermann Arnstein – There is no information on Arnstein, but we do know that he and his family were deported from France. There is no evidence that any of the Arnstein family members made it back from Nazi concentration camps. Some of the 'recovered' Arnstein property were sold at auction by the French government.* »[20]

Mon sang ne fait qu'un tour. Cette fiche occulte Marion et Hedwige, les deux survivantes de la famille.

Le catalogue comprend des œuvres d'art, dont trente-cinq tableaux et gravures de maîtres, Johann Adam Delsenbach, Pietro Marchioretto, Frank Kirchbach, Adriaen van Ostade, Eugène Delacroix, Daniel Preisler, Christoph Wilhelm Bock et une étude de Georges Seurat.

Il y avait donc matière à correction, et à restitution. Il ne faut pas perdre un instant. Je transmets ces précieuses informations au fils de Marion, Nicolas, sans savoir qu'il disposait déjà d'une liste incomplète, dont il ne retrouvait pas la trace. Sa réponse est immédiate et éclairante :

Le 26 février 2020

Bonsoir Luc,
Merci beaucoup pour ces éléments. En fait, j'en avais une bonne partie, mais il y a environ deux ans j'avais perdu le fichier avant de les imprimer suite à un problème de mon ordinateur que je ne m'expliquais pas.
Il y avait en effet, dans la liste des individus spoliés par l'ERR, entre autres, des œuvres d'art (le tableau de Seurat et l'aquarelle de Delacroix) appartenant à mes grands-parents, des ouvrages en allemand, d'art et d'histoire et de poésie, ainsi que de nombreux objets d'art. Cela va certainement m'aider, je l'espère à en retrouver certains. Ma mère serait heureuse de retrouver des objets ou tableaux de son enfance. Lorsque je lui ai montré tout à l'heure les photos de ces tableaux, ou des œuvres sur papier dont les plus anciens datent de 1633 et vont jusqu'à 1772, ma mère en a été tout émue et encore à l'instant au téléphone elle me disait qu'elle repensait à ses parents encore plus intensément que de coutume.
Je vais dès demain contacter le conservateur du Jeu de Paume pour lui expliquer la genèse de cette histoire et entamer une

procédure de restitution qui sera certainement longue, mais qui en vaut la peine.
Avec tous mes remerciements et amitiés,
Nicolas

J'apprendrai plus tard que Marion avait présenté une demande d'indemnisation en juillet 2019, basée sur un premier inventaire. Nicolas Van Eck se présentera le 9 juillet 2021 devant la commission pour l'indemnisation des victimes de spoliation pendant l'Occupation pour donner suite à la demande présentée par sa mère et faire part de ses observations fondées sur mes découvertes récentes. Lors de cette séance, il lui sera notifié que toutes les œuvres appartenant à ses grands-parents avaient été sélectionnées et enlevées, après avoir été entreposées dans la salle du Jeu de Paume. Leur destination restait à ce jour inconnue.

Sélectionnées, les toiles.
Enlevées, les toiles.
Disparues, les toiles.

Un mois après, la commission, sur la base des éléments qui lui avaient été fournis, accordera à Marion Arnstein Van Eck une indemnisation. Un fragment d'honneur et de dignité partiellement et tardivement restitué. Je savais que Marion et sa sœur Hedwige avaient entrepris des démarches dans le but de faire valoir leur droit à l'indemnisation prévue pour les victimes des persécutions nazies : une somme symbolique de 168 francs leur avait été versée ; elle sera maigrement complétée, quelques années plus tard, par quelques centaines de marks !

Ces années d'enquête et de reconstitution ont été émaillées de télescopages déroutants : un tableau bien particulier de Seurat figurait sur la liste des œuvres d'art dérobées, *La Grande Jatte, personnages sur le rivage.*

Hasard ou coïncidence ? La Jatte fait aujourd'hui partie du proche environnement de Marion. Dès son installation à Paris avec son mari, ils avaient choisi de demeurer à quelques centaines de mètres de l'île, et n'avaient jamais déménagé.

Je me souviens d'un dimanche après-midi, il y a quelques années. Une oasis bucolique, bordée par la Seine. Une dizaine de panneaux, reproduisant des œuvres créées sur l'île par des peintres impressionnistes, avaient été installés sur les berges, là où les artistes Monet, Van Gogh, ou Sisley venaient poser leur chevalet. Je me rappelle avoir été attiré de manière inexplicable par le premier panneau ; il s'intitulait : *Un Dimanche après-midi à Grande Jatte – Georges Seurat* !...

Lorsque nous avions parlé pour la première fois de son père, les premiers mots de Marion avaient été : « Il était bon, très bon. » Le 16 juin 1940, dans la *Dépêche de Brest*, sous la rubrique « Générosité », on peut lire le communiqué suivant : « Nous apprenons que M. et Mme Arnstein, qui passèrent de nombreuses saisons d'été à Kerlouarnec, jouissant dans nos alentours de l'estime générale, établis désormais à Quimper, viennent d'adresser à M. le maire de Douarnenez une somme de 3000 Francs pour être versée à la quête faire lundi dernier à l'occasion de la soirée de gala du Breiz-Izel. Au nom des poilus nécessiteux, nous les remercions très chaleureusement. »

Un rapport de police, pièce 47 de son dossier de naturalisation, que l'on peut dater de la fin de l'année 1941 souligne, non sans cynisme, que « les renseignements recueillis sur son compte sont favorables : jouissant de l'estime et de la considération de son entourage, il est représenté comme un homme d'affaires capable ; francophile, il a fait don de jouets, de très nombreuses fois aux enfants malheureux ; il aurait mis à disposition des autorités françaises sa propriété du Finistère, en vue d'y héberger des réfugiés ; son loyalisme ne semble pas devoir être à suspecter ; et jusqu'à ce jour, il n'a pas attiré l'attention de nos services, tant au privé qu'au point de vue politique et national. »

Hermann faisait donc l'objet d'un paradoxe bien ironique : l'acte qu'on espérait d'accusation devenait reconnaissance officielle et validation de sa haute moralité.

Une lettre du préfet du Finistère datant du 22 novembre 1941 précise que « M. Arnstein qui a fait l'objet d'une surveillance constante de la part des Services locaux de Police ne s'est jamais fait remarquer défavorablement, tant au point de vue conduite et moralité qu'au point de vue politique et national. » Le bienveillant et généreux père de famille, réfugié en Bretagne, aurait-il pu imaginer que ses moindres faits et gestes étaient scrutés ? La nasse trompait sa proie en lui donnant l'illusion de respirer et de se mouvoir. Mais les mailles se resserraient, inexorablement.

Le filet et le couperet.

En dépit de son parcours professionnel exemplaire et de sa réputation sans tache, Hermann se retrouve déchu de sa nationalité : lui et sa famille ne peuvent échapper à la disgrâce et à la perte de droit. Le 21 août 1942, le Journal Officiel de l'État français publie le décret du Maréchal Pétain : « Nous, Maréchal de France, chef de l'État français [...] décrétons : La qualité de Français est retirée à ARNSTEIN (Hermann), fabricant de jouets, né le 27 décembre 1884 à Farth (Allemagne), demeurant à Paris, 23, avenue Léopold II, naturalisé Français par décret du 1er mai 1937, [...] et HELLER (Emilie), épouse du précédent, née le 19 septembre 1896 à Greiz (Allemagne), demeurant à Paris, avenue Léopold II, naturalisée Française par le même décret, et leurs enfants : 1. Hedwig, née le 1er mai 1923 à Nuremberg (Allemagne) ; 2e Irmgard-Henriette, née le 24 juin 1926 à Nuremberg (Allemagne) ; 3e Marion, née le 28 mars 1928 à Nuremberg (Allemagne), Français par la naturalisation des parents. »

Ces chiffres et ces dates pour contrer la nuit de l'oubli, pour éviter la disparition. Des mots balises. Je repense au discours de Patrick Modiano à Stockholm : « Mais c'est sans doute la vocation du romancier, devant cette grande page blanche de l'oubli, de faire ressurgir quelques mots à moitié effacés, comme ces icebergs perdus qui dérivent à la surface de l'océan. »[21]

Je me fais tisseur de vies, passeur d'héritage et trouveur de mots. Un artisan de la mémoire en quelque sorte. Apprendre à esquisser des destins, à croiser de furtives silhouettes, me tenir devant des portes et des façades cachant des appartements vides. Je décris des icebergs, freinant leur dérive, les fixant le temps d'une phrase. Malgré tous mes efforts, la partie immergée de ces vies se dérobe. Parfois, selon le moment, un léger mouvement de la mer laisse entrevoir ce à quoi je n'aurai jamais accès. Il faut alors savoir saisir une confidence au vol, retenir un souvenir furtif échappé devant une photographie, ou incruster dans ma mémoire une anecdote imprévue.

Relever la moindre empreinte.

L'annonce publique de cette dénaturalisation ouvre le volet le plus tragique de l'histoire de la famille Arnstein. Après le choc et le désarroi face à cette décision implacable, Hermann et Emilie, désormais apatrides, vivront dans l'angoisse permanente d'être dénoncés et arrêtés. La famille risque la mort. Le premier convoi de déportés vers Auschwitz quittera Drancy le 27 mars 1942. Suivront bientôt les jours funestes de juillet 1942, la rafle du Vél d'Hiv.

Le 14 mai 1941, Paris avait connu la première rafle, dite du « billet vert » : une simple convocation pour un « examen de situation » qui dissimule un piège mortel. Plus de 3700 Juifs étrangers seront arrêtés, et déportés une année après. Elle sera suivie de la rafle des 20 et 21 août, puis la rafle dite « des notables », au mois de décembre de la même année.

Le 16e arrondissement est au centre d'une toile d'araignée patiemment tissée par les autorités allemandes : tous sont fichés, recensés, localisés, paralysés. Le danger est partout. Les prédateurs logent à quelques mètres du logement des Arnstein. En témoigne cette lettre retrouvée dans les archives de la ville de Paris, rédigée par le maire du 16e arrondissement le 12 décembre 1941 et destinée au Directeur de Cabinet : « J'ai l'honneur de vous rendre compte que des services allemands sont venus s'installer dans la Mairie du 16e ce matin à 4 h. et que depuis lors ils procèdent à l'arrestation à leur domicile d'un assez grand nombre de personnes (notamment des Juifs) qui sont amenées à la Mairie avec des bagages à main et qui sont ensuite emmenées dans des autobus pour une destination qui m'est inconnue. »

Hermann et Emilie avaient anticipé, senti l'odeur de mort et de trahison, et quitté Paris au début du printemps de l'année 1941. Lors d'un bref retour à Paris, ils avaient pris contact avec des amis proches et fiables pour qu'ils leur fournissent de faux papiers pour franchir la ligne de démarcation. C'est en notant scrupuleusement les quelques indices égrenés par Marion au fil de nos discussions que je suis parvenu à reconstituer les principales séquences de son exode. Une fugue familiale.

Marion entend encore la voix de son père. Une phrase-refrain, un ordre de marche, de course effrénée et de fuite, qui peut surgir de jour comme de nuit, éprouvante sentence : « Il nous faut partir, sans tarder. Nous risquons d'être dénoncés. » Du haut de ses 13 ans, Marion dit avoir subi la guerre et ses aléas, sans parvenir à la comprendre. Des coups portés au quotidien sans pouvoir en identifier ni les causes ni les auteurs.

Les Arnstein finissent par rejoindre Mont-de-Marsan, dans les Landes. En cette année 1941, la ville est coupée en deux par la ligne de démarcation.

Comment réussiront-ils à franchir cette frontière et entrer en zone libre ? Marion n'a pas été en mesure de se le rappeler. La famille Arnstein a-t-elle pris le risque de présenter ses faux papiers à l'un des points de contrôle, ou a-t-elle choisi de se mettre à la merci des passeurs ? Hermann pouvait dans ce cas compter sur l'argent et les bijoux qu'il avait emportés.

Sous la voie ferrée, à l'entrée de la ville landaise, un tunnel clandestin permet de fuir la zone occupée ; appelé le tunnel de l'évasion, il est toujours visible aujourd'hui. Le réseau semble fonctionner, car, dès leur arrivée en zone libre, les Arnstein sont hébergés par « quelqu'un de confiance qu'on ne connaissait pas. » Puis les trois filles et leurs parents trouvent refuge chez la famille d'une amie qui habitait le même immeuble de l'Avenue Léopold II et dont le fils était dans la Résistance ; originaire de Bordeaux, et sa famille à Mont-de Marsan, cette bienfaitrice prend en charge les Arnstein dès leur arrivée dans cette région du sud-ouest : elle leur trouvera un petit hôtel au Houga, un hébergement sûr, où les Arnstein séjourneront jusqu'à la fin de l'été.

Il y a deux ans, je revenais de Marciac, dans le Gers, et roulais en direction de Bordeaux. Une fois encore, j'allais être guidé ; sur le bord de la route, un panneau arrête brusquement mon regard : Le Houga ! Le village refuge de Marion et de sa famille, dont j'avais gardé la trace sonore dans un coin de ma mémoire.

Cette étape inattendue m'invitait à creuser cette piste et à approfondir ce qui, à première vue, n'avait rien d'autre à m'offrir qu'une pancarte et une adresse. Mais, une fois encore, s'y dissimulait une autre réalité, porteuse de sens et de symboles.

La façade en question est celle de l'Hôtel Lafontan-Lestage. La famille Arnstein y est accueillie par la propriétaire, Marthe Lafontan, une femme courageuse qui loge dans son établissement des Juifs, des réfugiés et des résistants. Trois ans plus tard, son gîte sera investi par les forces allemandes, dévalisé, puis détruit à l'explosif. Les trois résistants qui s'y étaient donné rendez-vous sont arrêtés, torturés et fusillés dans une forêt voisine. Madame Lafontan, après avoir subi un interrogatoire d'une rare violence, sera emprisonnée jusqu'à la Libération puis reviendra dans son village pour y reconstruire son hôtel. Une histoire de traque, de courage et de résilience, inscrite dans le destin de ce bâtiment, comme une annonce prémonitoire du parcours de Marion !

Revenons à cet été 1941. Hermann et sa fille aînée, Hedwige, consacrent leur temps à chercher un lieu d'étude pour Marion et Irma. C'est sur la ville de Pau que se porte leur choix : j'en ai déduit qu'il devait s'agir du collège de jeunes filles, futur Lycée Marguerite de Navarre. Toujours à l'aide de ses contacts locaux, Hermann parvient à trouver un logement pour sa famille. Un appartement ? Ou peut-être l'Hôtel Continental, connu pour avoir hébergé des réfugiés juifs et des espions, avant d'être réquisitionné par la Wehrmacht au mois de novembre 1942.

Cette pause paloise offrira aux Arnstein un semblant de normalité. Nous avons parcouru, Marion et moi, l'album de photos ayant appartenu à sa sœur aînée. On y voit quelques scènes et portraits saisis à Pau pendant cette période. « Une vie presque agréable », précise Marion. Un mariage. Un repas festif. Des visages, puis des noms. « Guy Crepin, Eva Marie. Ici, Enana, une amie. Bambi, la fille d'une amie de ma sœur. Et là, les Monteux, cousin germain du chef d'orchestre Pierre Monteux. »

Sans prévenir, tapi derrière les souvenirs, le camp surgit à l'improviste, et vient assombrir son récit. Marion ralentit. Elle voit et entend ce que l'image réveille. Elle reprend, mais le rythme se fait plus lent, douloureux, gêné : « Monsieur Monteux. Oui, son épouse était au camp, avec nous. Elle s'en est sortie. »

Marion fait une pause. Elle ne raconte pas, elle revit la scène.

« Entre deux coups de pioche, on bavarde, on échange rapidement quelques mots. Je savais ainsi qui elle était, où elle habitait. »

Nouveau soupir. Une esquisse de monologue intime.

« Elle nous présentait comme ses filles au camp, elle avait l'âge de maman : ça m'a toujours un peu gênée. Vis-à-vis de mes parents, ça me gênait. »

Marion et ses sœurs ne le savent pas, mais leur père entretient le projet secret de passer en Espagne. Franchir la frontière naturelle des Pyrénées, malgré l'aide fournie par les nombreux réseaux d'évasion, représentait toutefois un véritable obstacle physique pour une famille qui aurait à affronter les périls de la montagne. Les sentiers de la liberté, soumis aux aléas d'une météo changeante, recouvraient des pièges tragiques, humains ceux-ci : risque d'une arrestation par les douaniers, par les gardes mobiles ou par d'autres patrouilles et menace d'une trahison des passeurs. Prenant conscience de ces dangers, Hermann Arnstein renoncera à son projet.

À la suite de l'institution discriminatoire du Statut des Juifs du 3 octobre 1940, un décret paraît dans le Journal Officiel de la République française du 18 octobre :
« Art. 1er : Les ressortissants étrangers de race juive pourront, à dater de la promulgation de la présente loi, être internés dans des camps spéciaux par décision du préfet du département de leur résidence [...] Art. 3 : Les ressortissants étrangers de race juive pourront en tout temps se voir assigner une résidence forcée par le préfet du département de leur résidence. »

La famille Arnstein, qui fait partie de ces Juifs épargnés, réfugiés et surveillés, sait-elle que les « camps spéciaux » de Gurs ou de Rivesaltes ne se trouvent qu'à quelques dizaines de kilomètres ?

Le temps presse, l'automne 1941 voit de nombreux points de passage de la ligne de démarcation être fermés par Vichy, mais aussi la mise sur pied du PQJ (Police aux questions juives) dans les zones libre et occupée. La délation s'installe dans la ville de Pau, comme partout en France, et vient briser la fragile illusion de sécurité : les trois jeunes sœurs font l'apprentissage de la suspicion et donc de la prudence. Les loups les plus menaçants ne portent pas l'uniforme ; ils se cachent derrière les sourires et les regards appuyés de voisins, de connaissances, ou autres notables de la population locale. Le climat obscur et incertain dans lequel évoluent Marion et ses sœurs trouve sa cynique expression dans deux messages datant du 18 mars 1941 que j'ai retrouvés dans l'exposition virtuelle sur la résistance à Pau : « Il est signalé à nouveau qu'à la Mairie de Pau est employé un nommé Jacob, Juif au service des passeports. Ce Juif est de moralité douteuse. Nous savons qu'il a procuré des papiers à des coreligionnaires moyennant certaines sommes. Nous demandons qu'il soit renvoyé, ainsi que le veulent les nouvelles lois de la Révolution nationale et malgré ses relations très amicales avec certain avocat très honorable mais dont l'influence s'emploierait ailleurs. »
« Le nommé Herr Kowiza, Juif qui était ou est encore conseiller municipal à Pau, est toujours le plus grand manitou du Syndicat d'Initiative. Il serait souhaitable et plus conforme aux idées de

la Révolution nationale que cette fonction fut remplie par un Français et un Palois. M. Kowiza a suffisamment favorisé au moment de la défaite ses coreligionnaires réfugiés au détriment des réfugiés français. »[22]

Il faut se rendre à l'évidence. Le salut réside peut-être au-delà d'une autre frontière, plus au nord : la Suisse, dernière terre d'espérance, rêvée par Hermann, aimée par Emilie. Nous avions retrouvé, Marion et moi, une des rares photos de sa mère : assise en plein soleil, sous le toit d'un mazot posé sur des piles de pierre entouré de neige, elle sourit. En tenue de ski, bonnet et lunettes de soleil. Marion se souvient : « Maman avait des amis en Suisse. Elle aimait à s'y rendre parfois pour faire du ski avec eux, à Davos. C'était avant-guerre… »

Une fois la frontière suisse passée, Emilie Arnstein pourrait compter sur des relais dignes de confiance qui sauraient trouver un hébergement pour sa petite famille. Hermann pourrait enfin y reprendre ses affaires, mettre à profit ses talents, étouffés et asphyxiés depuis le début de cette guerre. La Suisse, ou les promesses d'une aube encore lointaine.

Dès lors, en cette deuxième partie de l'année 1942, Hermann et Emilie prennent la décision de quitter Pau pour Chambéry. La Savoie est en effet occupée par les troupes italiennes, réputées moins dures avec les Juifs. Des contacts sur place aident Hermann à s'installer dans un appartement au centre-ville, 17 quai Charles Ravet. Le lycée de jeunes filles, aujourd'hui Collège Louise-de-Savoie, est à un petit quart d'heure à pied. Irma et Marion y seront inscrites en demi-pension, ce qui leur permet de déjeuner à la cantine scolaire, assurance d'un repas quotidien presque normal. « On mangeait mieux au lycée que chez soi », m'a glissé un jour Marion. Elles y suivront en outre les cours d'italien imposés par les soldats du Duce.

Ne disposant que de cette adresse, il m'a fallu reconstruire leur quotidien. La rue un peu à l'écart et bordée de tilleuls longe la rivière Leysse. Chaque jour, les deux plus jeunes sœurs arpentent les quais, passant à quelques mètres d'une jolie villa bourgeoise « vieux style », aux pierres apparentes, la Villa Ménager, traversent ensuite la place du centenaire, dominée par le Grand Hôtel de France, l'un des plus beaux de la ville. Hedwige, de son côté, trouve une place de travail chez un médecin chambérien. La vie de la famille se réorganise. Des fenêtres de leur modeste logement, l'on entend parfois, le soir, des soldats italiens chanter des airs napolitains. Une accalmie de seize mois.

Nuremberg et ses angoissants défilés nazis se rappellent aux souvenirs d'Hermann et Emilie. Ici, à Chambéry, c'est la visite du maréchal Pétain en septembre 1943 qui draine une foule d'admirateurs : pour eux, il incarne la promesse rassurante que la Savoie ne sera jamais livrée au régime fasciste, malgré les prétentions italiennes sur cette région. Pour les Arnstein, la tragédie se confirme. Le cycle funeste semble les prendre de vitesse : les Allemands envahissent la Savoie, en remplacement des troupes italiennes, et s'installent à Chambéry. Les rafles se préparent, les purges sont déjà effectives.

Au hasard d'une lecture, je découvre le nom du préfet de Savoie, Henri Maillard, un protestant convaincu. Ancré dans sa foi, il exclut toute forme de compromission avec l'occupant et entretient des contacts avec la Résistance. Refusant de donner suite aux sollicitations du CGQJ (Commissariat général aux questions juives) qui visent la spoliation et l'arrestation des Juifs, il sera relevé de ses fonctions en février 1944.

Résister, écrivait Marie Durand, comme un refrain et une confession de foi huguenote incarnés en paroles et en actions par ce courageux préfet et par son collègue, le sous-préfet Charles Rickard, savoyard lui aussi, qui s'interdira de livrer les listes de Juifs à l'ennemi.

Depuis le début de l'année, les parents Arnstein ont compris que le danger était aux portes de ce qui avait été jusque-là un abri.

Descentes de police et arrestations frappent la région de Grenoble : cafés, pensions, hôtels, rues, plus rien n'échappe aux SS. On évoque des sévices, des tortures et des pillages.

À quelques pas du domicile des Arnstein se trouvent les bureaux de l'OSE[23]. Cherchant à reconstituer les trajets des sœurs Arnstein et de leurs parents, je réalise que l'itinéraire plus rapide leur permettant de rejoindre leur lycée traversait l'ancien quartier juif de la ville et empruntait la rue Juiverie... Marion et Irma marchent symboliquement dans un héritage historique menaçant.

Le 8 février, une rafle accompagnée d'une perquisition frappe les bureaux de l'OSE de Chambéry. Le personnel est arrêté. Les précieux documents découverts par la Gestapo ont peut-être conduit à la rafle des enfants de la Maison d'Izieu, le 6 avril.

Que faire ? Emilie et Hermann n'ont qu'une seule préoccupation : sauver leurs trois filles de cet enfer et trouver au plus vite les contacts qui leur permettront de rejoindre la frontière suisse. Des communications clandestines qui doivent impérativement rester secrètes auprès de leurs enfants. La moindre allusion, le moindre indice pourrait éveiller leur curiosité. Il faut esquiver les questions, ne commettre aucun faux pas. Il suffirait qu'une de leurs camarades prenne connaissance de ce plan, qu'un voisin le découvre pour que tout s'effondre. À qui peut-on faire confiance ? Notre salut est dans notre solitude, notre espoir dans notre méfiance.

Ce samedi 18 mars 1944, Hedwige rejoint le cabinet médical dans lequel elle travaille ; ses jeunes sœurs, Irma et Marion, partent pour le lycée. Un peu plus tard dans la matinée, Emilie et Hermann se mettent en route vers la gare, à un petit quart d'heure de leur domicile. Attentifs et discrets. Ils doivent y retrouver un ami, Monsieur Gibon, chargé de leur remettre de fausses cartes d'identité. Le couple, sur ses gardes, évite de longer le Grand Hôtel, désormais siège de la *Kommandantur*, et parvient, au prix de détours inquiets, à rejoindre la place de la gare.

En ce matin de printemps, la température est plutôt agréable, un très léger souffle agite les tilleuls. Hermann attend ce moment avec crainte et espoir. Les quelques mètres qui le séparent du bâtiment lui paraissent une éternité. Bientôt la promesse d'une fuite vers la Suisse. Pour ses filles chéries, tant aimées, la perspective, même fragile, du salut, d'une vie retrouvée. Marcher, lentement. Regarder devant soi. Effleurer, tenir, lâcher puis reprendre délicatement la main d'Emilie, son soutien, son appui. Il passe son doigt sur la bague qu'elle n'a jamais quittée, celle qu'il lui avait offerte lors de leurs fiançailles. Il reconnaît la forme de la perle, ses deux pierres enchâssées. Souviens-toi Emilie, notre mariage dans la synagogue de Greiz, le 21 mars. Nous célébrerons cet anniversaire dans trois jours, et notre cadeau sera notre promesse de liberté.

Soudain, un bruit de pneus. Des portières qui claquent. Des cris en français, des ordres secs et brutaux en allemand. Des manteaux noirs. Une valise tombe sur le sol et s'ouvre. Sous le chapeau, un visage sans expression et un regard froid le percent. Un frisson s'empare de lui et le traverse. Arrêtés. Si près du but. Pourquoi ? Cet accent allemand, toute sa vie, toute son enfance. Et cette peur. Et Marion, Irma. Comment les prévenir ? Hedi, cache-toi. Vite. L'homme arrache le sac des mains d'Emilie. Il inspecte, trie, sélectionne et laisse tomber dans la poussière ces morceaux de vie et d'intimité. Dans sa main, la photo des trois filles, prise à Quimper. Ses proies, enfin. Il faut alors répondre à ses questions, livrer des prénoms, des âges et des lieux. Comme une sentence de mort prononcée par des parents sur leurs propres enfants. Comme une trahison. Comme un poids. Comme une indicible douleur.

Il est bientôt 14 heures. Marion et Irma s'apprêtent à rentrer chez elles, mais discutent encore cinq minutes sur le trottoir, avec Antoinette et Francine, leurs meilleures amies. À quelques pas, la femme du proviseur du lycée de garçons, Marie-Anne Schont, échange quelques mots avec des parents. Tournant le dos à la rue, elle ne voit pas arriver la traction avant noire, qui s'arrête devant les grilles de l'école. Deux hommes en descendent. Marion revivra cet instant toute sa vie ; elle évoquait récemment encore « ces deux types, comme dans les films, le manteau de cuir, assez long, le chapeau mou. En les voyant, on a compris… » Le premier se tourne vers l'adolescente : « Vous êtes bien Mesdemoiselles Arnstein ? », une simple syllabe, affirmative, allait sceller leur sort. Puis, « Voulez-vous nous suivre ? » La cruauté sait parfois mettre les formes.

Madame Schont se rapproche alors, et tente de parlementer. Professeure d'allemand, originaire de Moselle, elle s'adresse à la Gestapo avec un accent parfait, choisissant ses mots avec soin, faisant de la langue de Goethe son alliée. En vain. Les portières s'ouvrent, les deux jeunes filles sont priées de monter. Avant d'entrer dans la voiture, Irma se tourne vers le policier et lui demande si ses parents sont au courant. La réponse traîtresse se veut rassurante : « Vous allez les revoir, ne vous inquiétez pas. » Elle n'aura que le temps de confier son cartable à Antoinette. Ce sera leur dernier échange. Une dizaine de minutes plus tard, les deux jeunes filles pénètrent dans la Villa Ménager, rue François Charvet, le siège de la Gestapo, et retrouvent leurs parents. « Décomposés ». C'est ainsi que Marion me décrit Hermann et Emilie Arnstein au moment où ils voient leurs enfants entrer dans la pièce. « Décomposés ».

Au même instant, au lycée, les enseignants, épouvantés et choqués par l'arrestation des deux jeunes filles, s'organisent. Il y a urgence. La directrice, accompagnée de quelques collègues, parcourt les registres et autres documents où figurent les noms des élèves. Il s'agit d'effacer toutes les désignations à consonance juive : Suzanne Rosenberg, Fabienne Levy-Cerf. Comme certaines sont encore présentes dans l'établissement, à la bibliothèque et au réfectoire, la directrice prend toutes les dispositions pour les faire sortir discrètement, sans passer par le portail principal. Ces élèves seront cachées et prises en charge par des familles dignes de confiance. Francine Levy-Cerf est cachée dans la famille d'une camarade de classe, Huguette. Suzanne sera cachée, puis dénoncée. Elle sera assassinée à Auschwitz. Plus tard, dans l'après-midi, la Gestapo, à la recherche de Francine, revient au lycée. Le concierge, puis les élèves, tous questionnés au sujet de la jeune fille, joueront parfaitement et courageusement leur rôle : Francine Levy-Cerf ? Personne ne la connaît.

L'acharnement de la Gestapo, en ce printemps 44, ne rencontre aucune limite. Elle retrouve la trace de Francine, fait une descente dans sa famille d'accueil. Huguette, assistant pour la deuxième fois à l'horreur de l'arrestation, crie sa colère et insulte les policiers allemands. Ceux-ci décident alors d'emporter des habits appartenant aux deux jeunes filles : plus tard, c'est dans une rue de Chambéry que la maman d'Huguette reconnaîtra un des manteaux de sa fille, porté par une employée de la Gestapo. Francine mourra à Auschwitz.

Tandis que d'autres drames se jouent dans la ville, Hermann, Emilie et leurs deux plus jeunes filles sont transférés au Carré Curial, une ancienne caserne napoléonienne où résistants et Juifs sont internés dans les caves sinistres, soutes à munitions et écuries, avant d'être fusillés ou déportés.

Ne se doutant pas une seule seconde de la catastrophe qui vient de frapper ses parents et ses sœurs, Hedwige termine sa journée de travail, arrive devant la maison du quai Charles Ravet, pousse la lourde porte, et s'apprête à monter les escaliers jusqu'au premier étage. La demeure d'ordinaire si calme semble agitée. Des bruits sourds et des voix masculines résonnent dans la cage. Hedwige hésite, écoute. La porte est ouverte : c'est à cet instant qu'elle aperçoit les policiers en train de fouiller l'appartement et comprend. Ne cherchant pas à s'enfuir, elle se laisse arrêter. La vision des tiroirs ouverts et répandus dans le salon, des vêtements piétinés par les bottes des policiers. Comme un viol. Comme un vide. Papa, maman ? Ils devaient se rendre en ville. Pourvu qu'ils y soient toujours. Et Irma, et ma petite Marion. La voisine les a peut-être prévenues. Sont-elles cachées au lycée ? Quelques visages connus aperçus furtivement depuis les fenêtres de la voiture de police. Un coup de frein brusque, claquement de portières. Villa Ménager. L'antre redoutée.

Hors du temps, le n° 3 de la rue François-Charvet a survécu, et présente toujours au passant qui s'égare dans cette rue tranquille du centre de Chambéry la même façade à l'ancienne, en pierres de taille, abritée par ses avant-toits se détachant délicatement à chacun des trois étages. Deux portails ouvrent sur une allée de gravier. Je l'entends crier et supplier sous les pas d'Hedi.

Lasciate ogne speranza, voi ch'intrate.[24]

La Gestapo croit tenir en cette jeune fille un des relais de la Resistance, très active dans la région. Hedi sera interrogée à coups de fouet. Une brutalité sauvage qui se nourrit du silence innocent. Le soleil s'est-il couché ? Quelle heure est-il ? Le médecin, dont elle est si proche, a-t-il été prévenu de son arrestation ? Sera-t-il lui aussi inquiété si l'on devait apprendre qu'il employait une jeune femme juive ? Elle n'a rien dit malgré les coups et les cris. Elle ferme les yeux pour voir les visages apaisants de ceux qu'elle aime. Mais ces menottes mordent ses poignets si fins, le métal lui paraît si lourd ; la douleur se réveille au moindre mouvement, blessant, humiliant, asphyxiant. Pourquoi ?
Le court trajet vers sa cellule lui a permis de croiser d'autres adolescents. Juifs ? Résistants ? Elle ne les connaît pas, mais surprend leurs regards terrorisés. Bruits de portes et de chaînes. Ordres secs. Silence terrifié. Hedi passera trois jours dans la Villa. Ni les coups ni les menaces ne parviendront à fissurer son assurance. Tenir encore.

En ce mercredi 22 mars, ses gardiens la sortent de sa cellule, l'enchaînent à un prisonnier politique et la font monter sans ménagement dans un camion bâché pour rejoindre la gare de Chambéry. Presque simultanément, le même scénario se joue dans la cour de la caserne Curial.
Au moment où Hedwige pose le pied à terre devant la gare, elle reconnaît la silhouette de son père. Jamais les bras de ses parents n'ont été aussi rassurants. Un voile triste et discret semble avoir obscurci le regard de cet homme, leur roc. La voix de sa mère d'ordinaire ferme et dynamique laisse percevoir comme

un frémissement. Encadrés par des soldats allemands, et sans attendre, tous contournent le bâtiment et sont embarqués. Un train. Une gare. Paris. Un autobus.

23 mars. Drancy. Un portail de bois, maillé par des barbelés. Des miradors. Trois bâtiments de béton, inachevés, ferment une cour, où traînent des figures humaines de tout âge. Des silhouettes errantes. Drancy l'attente. Drancy la soif. Drancy la misère. Drancy la saleté. Drancy la méfiance. Gendarmes français, pourquoi votre dureté, vos coups sur elles ? Elles ont l'âge de vos enfants. La cour elle-même semble avoir été contaminée par la haine : couche agressante de mâchefer, morceaux brisés de ciment, débris de barbelés. Elle blesse et couvre de poussière grise, poussière de cendre, poussière de mort, les jambes des trois jeunes filles.

À son arrivée, Hermann avait été interrogé, fouillé, dépouillé, volé. Sa chère Emilie aussi : il avait fallu céder son dernier bien, le plus précieux peut-être, la bague de fiançailles. Assis à sa table, le contrôleur du camp effectue sa besogne. Indigne fils de Poiret, le triste fonctionnaire balzacien chargé de comptabiliser les lames de guillotine et le son des paniers : *Reçu de Mr Arnstein... une bague en métal blanc avec perle et deux pierres.*

Dépouillé de la nationalité française, brisé dans sa dignité et violenté dans sa pudeur, il a posé le pied sur le sable d'une arène dont il est la proie. J'ai pu consulter le carnet de fouille d'Hermann[25]. « *Reçu de...* » Ce titre, rédigé en gras, comme pour donner l'illusion sinistre d'un prêt ou d'un gage. Diabolique dédale qui bannit l'espoir et rend les mots captieux. Pour la dernière fois peut-être, un M. majuscule, perfide et cynique, précède le nom de famille Arnstein. Cette fiche 1003 me fascine et m'épouvante. Soin du trait, calligraphie arachnéenne. Les sommes « *reçues* » sont inscrites en chiffres et en lettres, avec une méticulosité scolaire. Le fonctionnaire s'est appliqué, repassant sur un chiffre et séparant les rubriques d'un trait à l'élégance indécente. *Trente mille six cents francs 30 600, plus de mille trois cent soixante-cinq. 1365. Total 31 965*

Trois semaines. Quatre mots prononcés par Marion : « parqués comme des animaux ». Je n'en saurai pas plus.

Marion a 16 ans. Elle se rappelle ce mercredi 12 avril 1944. Un ordre donné. « Demain, 6 heures du matin, dans la cour. » Le départ se prépare. Sous la surveillance des gendarmes français, la famille est embarquée dans un autobus parisien bondé qui déverse ses passagers devant la petite gare de Bobigny, puis repart, infernale noria, chercher un nouveau chargement au camp.
À peine pose-t-elle le pied sur le sol, devant la gare, qu'elle entend des hurlements, les ordres. Ils sont 1502 prisonniers, déportés. Parmi les 295 enfants du convoi, 34 enfants raflés dans la colonie d'Izieu qui seront gazés dès leur arrivée.

Wagons à bestiaux, vides, aux portes coulissantes ouvertes. Pressés, poussés, agrippés, entassés. Elle ne parlera pas plus du voyage. « Nous l'avons relativement bien supporté, car nous étions jeunes. »
Des mots isolés, lambeaux et fragments, reviennent dans la conversation : « Serrés... puanteur... saleté... rester debout. »

Après trois jours de périple infernal, le convoi parviendra à Auschwitz en pleine nuit. Des coups de frein brusques, pertes d'équilibre et cris. Après la pénombre, les odeurs et la chaleur suffocante, l'ouverture des portes laisse entrer un air froid presque bienvenu. De l'air, enfin. Mais l'air agresse sans libérer. Les hurlements reprennent, les aboiements et la lumière aveuglante des projecteurs. *Schnell, schnell, raus, raus*. Il faut descendre, vite sur le quai. La sélection. Les hommes d'un côté, les femmes de l'autre. Avec d'autres hommes et jeunes garçons, Hermann monte dans un camion et s'éloigne. Il pense retrouver bientôt sa famille. Il n'entrera jamais dans le camp.

Séparés, séparation. Ce mot, je le sais aujourd'hui, viendra marquer au fer rouge le cœur et la vie de Marion. Une lame sans pitié s'abat sur la famille, brise d'un coup, d'un seul commandement tranchant, l'amarre qui la reliait à son père.

« Je n'ai plus revu mon père depuis ce moment-là. Mon père est parti... de son côté... tout seul. Je ne sais pas comment... combien de temps il aura supporté la séparation. Je le revois à l'arrivée du train, quand on nous a séparés. Cette image me poursuit. On a été séparés, tout de suite. Je voudrais bien me débarrasser de cette image, mais je ne le peux. Elle me poursuit sans arrêt, sans arrêt, sans arrêt. C'est si pénible. Il a été tellement malheureux pendant ces instants. Maman était avec nous, c'était évidemment moins difficile pour nous. Mais, papa était seul, tout seul. Ces choses sont là, elles tournent, elles restent. Je ne rêve plus, je fais des cauchemars... Papa a été gazé dès son arrivée. »

La voix de Marion, aujourd'hui, porte encore la blessure de cette déchirure.

De la *Judenrampe* jusqu'à l'entrée du camp, il faudra marcher. Un kilomètre et demi. Emilie et ses trois filles subiront les premières humiliations, recevront les premiers coups. Nudité. Tatouage. Rasage. Et le froid mordant, insatiable, entraînant dans sa chute à –40 °C les plus fragiles.

Le bloc. Les souvenirs de Marion, tesselles et fragments que j'essaie de disposer en un ensemble cohérent. Mais comment restaurer un maillage, tenter de recoudre sans trahir ? Les espaces vides n'appellent pas tous d'être comblés : il s'y cache des souffrances indicibles, des pudeurs que l'écriture salirait. Ces silences-intervalles se refusent à ce que je les déchiffre, ou que je les remplisse par des signes ou des mots. Ce sont des lieux mis à part, interdits, dont l'accès est fermé par un rideau qui jamais ne se déchirera.

Les mots de Marion, rares, précis et denses : « Nous sommes arrivées au bloc. Un baraquement compartimenté, des cloisons qui séparent. Nous n'avions qu'une gamelle, pour un très maigre repas : un genre de soupe, plus d'eau que d'autres choses. Nous nous sommes mises dans un petit coin, en attendant l'appel. Attendre, souvent, toujours attendre. Très tôt le matin, tous les jours, en rangées de cinq, nous attendions des heures, par tous les temps, pour être comptées. Attendre était le plus difficile, dehors, dans la pluie, le froid ou le soleil, plus fatigant encore que de travailler. Un morceau de pain pour la journée, et une sorte de breuvage au retour du travail. La soif était pire encore que la faim. On avait très peu à boire. Le "mot de passe" était de ne pas boire n'importe où, n'importe quoi. Le soir, nous rentrions, en procédant encore une fois à l'appel pour voir si personne ne s'était échappé. Mais comment s'échapper quand les barbelés sont électrifiés et que l'on ne sait rien de la région. Une fois l'appel terminé, nous devions essayer de dormir, et cacher notre ration de pain, car on nous la volait quand on dormait. Et les journées recommençaient, toujours pareilles, toujours ces attentes avant de partir travailler. En été, de jeunes filles s'évanouissaient à côté de nous, mais nous n'avions pas le droit de les aider. Aller, retour, travail, attente. Que dire de plus ? Notre vie s'arrêtait là. »

Marion et Irma seront intégrées au *Aussenkommando* : tous les jours, peu importe la température, parfois glaciale, les jeunes lycéennes sont contraintes de participer à la construction de routes. Casser des pierres avec un marteau trop lourd pour elles. Briser les pierres comme les êtres, pour les réduire. Marion refait les gestes devant moi : « Il fallait étendre le sable, casser, transporter, disposer les cailloux dans un certain sens, puis les faire tenir avec des cailloux que nous avions cassés en plus petits morceaux. Si le travail n'était pas soigné, les coups pleuvaient. » Marion entend encore les voix des gardiennes et des kapos : « Les kapos, les capitaines de notre groupe, étaient les plus mauvaises. » Marion prend peur : « Et les chiens, les chiens toujours. » Marion lève la tête, les cheminées rouges, la fumée âcre, elle sent l'odeur quotidienne de la mort : « Toujours la perspective du four crématoire, la fumée jour et nuit. Très dur. »

Le travail d'Hedwige et d'Emilie, séparées des deux plus jeunes, consiste à arracher des pommes de terre sous les coups d'une violence insoutenable. Un matin de septembre, une des gardiennes se déchaîne sur Emilie. Gravement blessée, elle sera emmenée vers le baraquement servant « d'hôpital », déjà contaminé par le typhus.

Hermann gazé, Emilie disparue, c'est maintenant Irma, la rêveuse, Irma la sensible comme me la décrit Marion, qui s'effondre. Dévastée par ces drames, Irma dépérit, perd inexorablement les derniers kilos qui lui restent. Vingt-sept. La mort ne doit pas emporter Irma, pas elle. Au mépris de sa propre vie, Hedwige tente de la faire entrer dans « l'hôpital », en vain. Des gardiens la mettent en joue et tirent sur elle. Irma agonisera pendant huit jours. Ces heures sombres, Marion ne peut les oublier. Elles reviennent la hanter quotidiennement.

« J'ai vu les derniers instants de maman et d'Irma à Auschwitz. C'est une chose que je revois tous les jours. Insupportable. Elle revient tous les jours, tous les jours, tous les jours. Je ne parviens pas à chasser ces images. »

Marion est une femme forte, dont le premier ennemi est le froid qu'elle ne supporte pas et craint comme un ennemi, le deuxième étant de devoir marcher pieds nus. Les ravages du camp, elle les porte dans ses frissons.

« Le froid, je le crains aujourd'hui comme la peste. »

Séparées. Marion, inscrite sur une liste de prisonnières déplacées vers une usine d'armement, ne le sait pas, mais elle échappera ainsi aux marches de la mort de l'hiver 45. Hedwige, depuis la mort de sa mère et d'Irma, a fait de la vie de sa petite sœur une priorité quitte à donner sa vie pour la sienne. J'apprendrai qu'elle réussit, en « trichant » précisera-t-elle, à être enregistrée dans le même convoi que Marion qui les emmènera à Langenbielau, au nord-est d'Auschwitz.

Langenbielau. Un camp que je n'avais jamais identifié. Il me faudra une fois encore chercher, chercher encore, pour donner corps et décor à un lieu jusque-là inconnu. Des clichés pris par un passionné d'histoire polonais me révéleront une rangée de baraques en briques, utilisées comme *Sportschule* par le Reich avant de devenir un camp, dépendance de Gross Rosen, abritant une usine de munitions. Pour Marion, ce point de chute offrait un contrepoint respirable à Birkenau. « Le camp de Langenbielau était différent, car on n'y craignait pas cette horreur des fours crématoires. »

Le travail est exténuant, l'odeur de l'huile surchauffée se substitue à celle de la mort, le rythme est épuisant. Douze heures à genoux sans avoir le droit d'échanger la moindre parole. La résilience de Marion se manifeste par un sens de l'humour à toute épreuve : pour rendre compte de l'indicible, et s'en distancier, l'image offre une médiation réconfortante. « Quand j'ai vu le film de Charlie Chaplin, "Les Temps modernes", j'ai pensé à ce que je faisais dans ce camp et ça m'a fait... sourire ! Je devais passer des clous dans une petite machine, mais je ne m'appliquais pas beaucoup, comme Charlie : lui tournait sa clé à molette, et moi je redressais des clous. »

L'espoir renaît un matin, lorsqu'une jeune prisonnière fait circuler l'inconcevable et l'interdit : un journal qui évoque un débarquement américain en France. Pour Marion, une lueur d'espérance. Les signes se multiplient : bruits lointains de canons, surveillance relâchée.

Au printemps 45, un bombardement touche l'usine, mais épargne les deux sœurs. Alors que l'armée russe se rapproche, les gardiens s'enfuient après avoir miné les abords du camp. L'étoile rouge cache une nouvelle menace : Marion et Hedi se retrouvent très vite confrontées à la violence et à la brutalité des « libérateurs ». Je n'en saurai pas plus.

La liberté a un prix. L'armée russe tente de les emmener travailler en Union soviétique pour cinq ans, et demande aux jeunes filles de signer dès le lendemain leur engagement. « Leur manière de nous offrir l'hospitalité », glissera malicieusement Marion. Elles se regardent, complices, et finiront par « prendre la poudre d'escampette », souligne Marion, en compagnie de deux amies polonaises. « Passer du joug allemand au joug russe, c'était simplement hors de question. Il était temps de rentrer chez nous. » Une cinquième jeune fille, d'origine russe, se joint à la troupe. Miracle de dernière minute, car sa maîtrise de la langue russe et polonaise leur sauvera la vie plus d'une fois.

Il faut marcher, marcher sans cesse vers l'ouest dans un décor apocalyptique : alors qu'elle revit ces instants, passent dans les mots et devant les yeux de Marion des cadavres d'animaux qui avaient sauté sur des mines, des corps de civils et de soldats. Dans ce paysage dévasté, le groupe des cinq survivantes ne freinera jamais sa cadence. Vingt, parfois trente kilomètres par jour. Ne jamais s'arrêter, fixer les yeux sur un horizon voilé jusque-là par la fumée de cendre, lacéré par les barbelés et tranché par les miradors. La camarade russe définit la stratégie de survie : à chaque fois qu'une patrouille, groupe de soldats ou inconnus les stoppent, elle répondra avec assurance que les jeunes filles sont habilitées à se déplacer sur la route, car « elles travaillent dans le village voisin ». Quatre jours, peut-être cinq. Marche de la vie.

Nos itinéraires sont jalonnés de chambres d'échos et de correspondances, disposant sous nos pas un rappel des bénédictions passées, ces bornes humaines bienfaisantes surgies parfois à l'improviste. Pour ne pas oublier. Nous étions penchés sur un vieil album posé sur les fragiles genoux de Marion. Sa loupe dans la main, elle parcourait les premières photos prises après les camps, en 1945. « Suzanne ! c'est bien elle. Je la reconnais, c'est la jeune fille qui nous a rendu un si grand service, quand nous avons quitté Langenbielau... Suzanne parlait le polonais. Et plus tard, comme c'est étrange, j'ai rencontré tout à fait par hasard à New York une des sœurs qui avait fait le chemin du retour avec nous, après la sortie du camp. C'était sur la 5e avenue, elle sortait des bureaux d'Air France où elle travaillait. Elle s'était remariée. »

Le petit groupe atteint le lieu de regroupements de prisonniers et de travailleurs du STO (service de travail obligatoire), dont bon nombre de Français. L'un d'entre eux, pris de pitié devant leur état, leur donne un morceau de savon pour qu'elles puissent se laver dans l'Oder coulant à leurs pieds. Puis il ôte son manteau dont il recouvre les épaules de la plus jeune fille : Marion. En attente de son rapatriement, il tentera tout son possible pour faire embarquer les deux sœurs dans son convoi. Les portes de ce train-là se refermeront devant elles, sans elles, car seuls les militaires y avaient accès. Patienter, espérer. Après quelques jours, on indiquera aux jeunes femmes qu'un train à bestiaux part pour Leipzig.

Un train à bestiaux. Des portes coulissantes.

Arrivée à Leipzig. Perdues au milieu d'une foule de soldats, d'inconnus. À ce moment, Marion s'est arrêtée dans son récit, une voix off sur sa propre existence : « Cinq civiles, cinq filles parmi des centaines de soldats… Mais nous avons eu de la chance, il en faut beaucoup dans la vie. »
Tombé du ciel, un officier les remarque, les prend sous sa protection et les fait héberger dans une caserne. L'attente durera deux semaines, jusqu'à ce que leur bienfaiteur leur trouve un transport en partance pour Mulhouse. Un voyage « scabreux et interminable » selon les termes de Marion. Les ponts sont détruits. Les arrêts sont nombreux. Les sœurs franchissent la frontière et arrivent à Mulhouse. Un tri. Chaque phase du retour s'inscrit comme un écho en creux de scènes vécues.

Puis le train pour Paris. L'hôtel Lutetia, point de ralliement de tous les gens « qui rentraient » les héberge un jour et une nuit : prise d'identité, douche, désinfection, le droit d'envoyer un seul télégramme au destinataire de leur choix et quelques sous pour un coup de téléphone.

Le lendemain, Marion et Hedi se retrouvent sur le boulevard Raspail, livrées à elles-mêmes, « plantées là comme deux andouilles », ajoute Marion. C'est elle qui prend l'initiative. Il ne lui reste qu'un nom en tête, qu'une adresse, celle d'une amie d'enfance qu'elle appelle. Elle entend pour la première fois des cris de joie, ceux qui jaillissent lors d'une résurrection. Deux jours dans l'appartement de cette amie, à quelques rues de l'avenue Léopold II, et un miracle : les deux sœurs Arnstein apprennent que leur oncle a échappé à la déportation et qu'il se trouve dans le midi de la France, avec son épouse et Peter. Elles parviendront à lui adresser un télégramme. Quelques jours après, Hans vient les rechercher à Paris pour les amener à Saint-Jean-du-Gard.

J'ai souvent évoqué les coups de théâtre qui ont jalonné mes investigations, pour rappeler que le hasard n'y était pour rien et que la touche discrète, mais active, du grand Architecte assurait la cohérence et la solidité de l'ensemble. Dans les premières heures de son arrivée à Saint-Jean-du-Gard, Marion croise un homme qu'elle reconnaît immédiatement : c'était le prisonnier de guerre qui leur avait prêté du savon en Allemagne, au bord du fleuve... Marion ajoutera « Il était cordonnier à Saint-Jean... »

Me revint alors une conversation avec un ami d'enfance de mon père, dans une maison des hauts de Saint-Jean-du-Gard. Ses premiers mots, je m'en souviens encore : « Tiens, j'y pense maintenant, il faut que je te parle de ce qui est arrivé à un de mes oncles pendant la guerre, mais je ne sais pas si cela te sera utile dans tes recherches... » Son cousin lui avait rapporté une rencontre particulièr, après avoir été libéré par les troupes russes avec ses camarades : au bord de l'Oder, deux jeunes filles, parlant français, rescapées d'un camp. Il leur avait offert son morceau de savon, et donné son manteau militaire, maigre protection contre le froid et contre d'éventuelles mauvaises rencontres. « Le statut de STO vous rendra moins vulnérables que celui de prisonnières des camps. » Quelques semaines plus tard, à sa plus grande surprise, ils les avaient croisées toutes les deux dans le bureau de poste de Saint-Jean. « C'étaient les cousines de Pierrot ! », s'était-il exclamé...

Marion et Hedi quitteront Saint-Jean pendant l'été. Dans la valise de Marion, un livre, *Autant en emporte le vent*, offert par le pasteur Zbinden, me confia-t-elle. Hedi s'arrêtera à Chambéry pour y retrouver son poste, auprès du médecin qui l'employait au moment de son arrestation, Marion reprendra ses études, d'abord au Lycée Drury à Paris, et les terminera à Chambéry. De ce retour à ce que d'aucuns pourraient appeler la « vie normale », mais qui ne le sera plus jamais, Marion retient un sentiment de solitude et d'isolement douloureux. « Le moment le plus difficile de tout ce que j'ai pu vivre a été… Mon retour, oui, mon retour. J'étais seule. Le retour des camps fut habité par ce sentiment de solitude. Rien ne peut remplacer les parents. »

Dès la fin de ses études, son baccalauréat dans la poche, Marion quitte la France pour les États-Unis afin de rejoindre les Heller. Elle marchera sur leurs traces en suivant un parcours similaire, marqué par deux personnalités désormais incontournables de cette tapisserie familiale : Albert Einstein et Richard Goetz. C'est sur l'invitation du premier qu'elle entrera aux USA, et c'est le deuxième qui l'initiera au monde de l'art. Goetz, un mentor assurément, une figure paternelle vraisemblablement. Celle qui viendra déposer sur la plaie ouverte du manque un baume temporaire. Lorsque nous parlions ensemble de sa rencontre avec le collectionneur, ses yeux s'allumaient, son discours se faisait hyperbole. « Mon grand-oncle ? Un homme extraordinaire, d'une grande simplicité, et d'une finesse incroyable. Il avait un nez artistique unique ; on le consultait beaucoup à New York, mais il a su rester humble. »

Des études d'art à l'Université de Columbia, une maison à Forest Hills. Les palpitations du rythme new-yorkais, les frémissements et coups de cœur ranimés par ses visites dans les musées et galeries, puis ce battement entendu tout à nouveau lors de sa première rencontre avec Gilles, tout semble s'unir pour réconcilier Marion avec la vie recouvrée. Cinq ans d'intense bonheur, dira-t-elle.

Il faut tirer un trait. Tenter de reléguer dans les oubliettes de sa mémoire les scènes obsédantes, les jours et les nuits de cendre et de fumée, des êtres aimés vaincus par le froid, la maladie et les coups. Très vite, elle fera effacer les cinq chiffres, empreintes douloureuses de l'aiguille et du poison bleu qui souillent son avant-bras. Recouvrir les traces. Détourner la tête. Se mentir parfois à soi-même. S'appuyer de toutes ses forces contre cette porte immense, et tenter de refermer derrière soi ces battants si lourds qu'ils semblent d'airain. Repousser, chasser cette obscurité qui me résiste. Verrouiller son accès, puis m'en éloigner, pour ne plus ressentir la morsure du froid qui rampe jusqu'à moi et ronge mes pas ; pour ne plus entendre les cris, les hurlements, les pleurs des déportées, les bruits des bottes, et les aboiements ; pour me réapproprier mon corps meurtri par les brisures et les humiliations.

Un atelier de sculpture lui ouvre ses portes : les mains de Marion enfin libérées de leurs entraves touchent le bois, l'argile puis la pierre. Des gestes lents, engourdis, hésitants et craintifs. La matière d'abord effleurée se fait docile. Le dialogue renaît. De ses doigts, elle crée, fait surgir des silhouettes dressées, debout, en mouvement, libres enfin. Des corps féminins aux courbes retrouvées. Souffle, caresse et promesse de vie. En parcourant les pages de l'album de sa sœur, je découvre les photos des premières œuvres de Marion en 1953. Une femme de terre semble regarder dans le vide ; nue, elle croise les bras et les mains pour cacher, préserver peut-être, son intimité. Nue et vulnérable, comme au premier jour du camp, sous les douches et les regards de glace.

Plus loin, une photo de Marion et une de ses œuvres : elle contemple en souriant sa sœur, la photographe. Marion tient la main de la femme qu'elle vient de sculpter. Le personnage délivré semble faire ses premiers pas, le visage encore fermé, les cheveux tirés. Elle paraît chercher son équilibre, le pied montre une certaine assurance ; elle incline la tête, pensive ; elle marche.

Reconstruite et restaurée, Marion pourra revenir en France, avec son fiancé. Le mariage aura lieu à Aix-les-Bains. Gilles, le bien-aimé, Gilles l'amour d'une vie. Marion me confiera avoir refusé de se marier en blanc, trop triste de vivre ce moment sans ses parents. Quelques jours plus tôt, le couple s'était retrouvé devant l'adjoint au maire, dans la grande salle de l'Hôtel de Ville. Sur la longue table devant eux, posé à côté des papiers et registres à signer, un grand encrier de verre, de forme circulaire. Il contient une encre de Chine, bleue... Elle sent sur son bras la première piqûre de l'aiguille, le premier point du premier chiffre. Marion sourit. Elle saisit la plume, trace avec fermeté, détermination et bonheur les lettres de sa signature. Le matricule bleu n'est plus. Marion Arnstein Van Eck renaît.

Elle emmènera Gilles à Saint-Jean-du-Gard ; ensemble ils marcheront jusqu'à la petite maison qui avait abrité Pierrot et ses parents. Elle lui racontera. La chaleur, le soleil d'un été après les hivers polonais.

Saint-Jean-du-Gard, foyer et berceau de mon enquête, plaque tournante des destins de trois familles, point de convergence de leurs lignes de vie.
Saint-Jean-du-Gard, scène du dénouement de ce drame familial.
Saint-Jean-du-Gard, matrice bienfaisante.

En songeant au retour de Marion et Hedi dans cette vallée, ramenées en cette terre promise par Hans afin qu'elles y retrouvent Peter et Ingrid, eux-mêmes protégés par mon grand-père, je ne cesse de m'interroger sur le rôle de cette petite ville cévenole, devenue épicentre de cette aventure familiale. Tout me conduit à penser que chacun des protagonistes répondait à une forme de convocation, en ce lieu. J'y serais moi-même appelé, plus de soixante-quinze ans après eux, pour y recevoir cette histoire, leurs vies, en héritage.

V

Un carnet vert

Des panaches errant sur les toits du hameau
Cavernes de granit où flotte le mystère
Où des voix du passé gémissent les échos.
L'ombre étrange des rocs, sentinelles sévères,
Qui longtemps protégea la foi des huguenots...

Il redescendait vers la vallée, et, comme à son habitude, s'asseyait sur une grosse pierre, en bordure de la route. Non pour reprendre son souffle, il avait un peu plus de 30 ans, mais pour trouver l'inspiration. Un temps de repos bienvenu à laisser son regard errer sur la « perle des Cévennes », ce bourg et ces collines qu'il avait adoptés. Il s'abandonnait à ce paysage, l'écoutait, l'admirait, le disait. Car Paul se voulait poète. De sa veste, il sortait son petit carnet qui ne le quittait jamais, et dont il appréciait le format si discret. Jardin secret de feuillets et de pages, où, entre horaires de train, notes de budget ou ébauches de sermons, il griffonnait des vers et s'essayait au lyrisme.

Toujours sillonnant les chemins des collines environnantes, il aimait à se rendre dans les mas isolés, parcourir les champs ou s'asseoir au pied des arbres à pain, apprendre de ces hommes et de ces femmes, leur glisser un mot d'encouragement, de consolation ou de simple amitié, constituant ses visites pastorales.

Ce matin d'automne avait débuté avec le café fraîchement moulu par une petite veuve, devant la grande cheminée. Le vieux mas de Saillens impressionnait le visiteur qui, après avoir pénétré dans ce géant de pierre, rejoignait le clair-obscur de la cuisine. Au cœur de la bâtisse, sous un plancher de bois, la pièce abritait un secret : une cache souterraine qui avait sauvé des huguenots de la mort. Alors que les dragonnades faisaient régner la terreur, les troupes du Roi ne parvinrent jamais à dénicher ce souterrain, ni les six, parfois huit protestants qui pouvaient s'y réfugier. Cet épisode de la guerre des Camisards trouvait une résonance, un écho au plus profond du jeune pasteur. Il ne cessait d'y penser. Fasciné, interpellé, défié par le courage des anonymes.

Digne descendante de cette famille, la veuve Anaïs avait été une de ces femmes dont l'époux lui avait été arraché par la Grande Guerre. Elle était fille de cette race forte et pugnace. Ses deux fils avaient grandi sans un père, mais aujourd'hui, ils tenaient le domaine, purs produits de la terre cévenole : solides, âpres et résistants. On avait parlé, des saisons, des châtaigniers et du rude hiver qui s'annonçait, échangé des regards plus denses que les paroles. Le pasteur suisse, on l'appréciait bien. Son accent traînait certes encore un peu et il marchait trop rapidement, mais il avait su gagner la confiance des gens du coin : c'était un homme de terrain, du sol. À sa manière de tenir les outils, par sa maîtrise instinctive de gestes séculaires, il avait naturellement intégré la communauté des vrais nobles, ceux des sillons, de la taille et des labours. Les pieds dans la terre et les manches retroussées, il avait appris l'humilité et la persévérance qu'on s'accordait à lui reconnaître. Sur le chemin du retour vers Saint-Jean, le jeu des couleurs, les arabesques des fumées du village, l'avaient encouragé à rédiger quelques lignes, comme un chant, un modeste cantique à la Création, disait-il.

Dans l'ombre du poète du dimanche court un petit garçon tout blond. Serrant les poings, accélérant ses foulées, il tente de rattraper cette fuyante silhouette. De toutes ses forces d'enfant. Mais comment mettre ses pas dans de telles enjambées ?

Débusquer dans son parcours les inconnues de cette équation.

Paul Zbinden m'apparaissait comme un point focal pour Peter, Hans, Ingrid et Marion : mais par quel miracle leurs chemins et destins avaient-ils réussi à se croiser ? Il nous avait quittés en novembre 1988. Ses secrets, elliptiques et distillés à touches homéopathiques, s'étaient lovés dans la mémoire de mes tantes. Dans sa pudeur et sa discrétion, il n'en avait pas dit plus. Fil après fil, il m'avait fallu tisser patiemment et sans relâche la trame familiale des Heller et des Arnstein. En me rapprochant du dernier protagoniste de cette saga, je prenais désormais conscience de ma propre origine. Le tisserand fait corps avec son métier à tisser, il en fait partie, il en est partie.

Retracer son chemin pour le rejoindre, saisir sa main pour entrer dans un face-à-face refusé par le temps, tenter de me mettre à son écoute pour identifier ces empreintes sur moi. Exigeant était le chemin qui menait à la source, au livre de mes origines : je devais choisir une direction, gravir les flancs de ces collines, me frayer une voie parmi les bosquets, chercher un passage, me déplacer à l'aveugle, accepter les détours, reconnaître une fausse piste, et parfois rebrousser chemin. L'atteindre enfin serait me lire moi-même. Mais comment cerner celui qui n'est plus, comment le rejoindre et le comprendre quand tout nous fait défaut ?

Je m'en étais approché à pas feutrés dans ses dernières années de vie, lui le patriarche respectable. Nous avions parlé. Trop peu. Son engagement secret des années sombres, je n'allais en prendre connaissance qu'après sa mort. J'aurais tant voulu rouvrir le livre de l'Occupation avec lui, l'entendre me raconter ses après-midi avec Pierrot, ses soirées avec les Heller, les doigts d'Ingrid sur le clavier de la maison d'en face, les fracas des bottes dans la Grand Rue, son inquiétude après les premières rafles, sa quête d'un refuge pour Ingrid et son fils, et ce silence, ce double jeu, cette discrétion forcée, cette feinte innocence, ce secret si lourd et dont il ne pouvait se délester de peur de perdre sa femme, ses enfants peut-être.

Comment parler de lui ? Je n'ai pas d'autre choix que d'éviter les écueils et faux-semblants de l'idéalisation hagiographique, d'éduquer mes phrases à respecter sa pudeur et son intimité, et leur interdire de dévoiler l'inutile accessoire.

Je m'engagerais dès lors dans une forme de dialogue avec des lieux, des lettres et des témoins : je devrais les questionner pour qu'ils m'avouent ce qui m'échappait encore.

Écrire pour s'inscrire dans une filiation, c'est poser le pied et le cœur dans les traces laissées par celles et ceux qui nous ont précédés. « Regardez ! Informez-vous des sentiers d'autrefois », disait déjà le prophète Jérémie. Je n'avais qu'à suivre son conseil !

Il était né le 1er novembre 1900. Son entrée dans ce monde s'inscrit dans le mois juif de Kislev qui, selon la tradition hébraïque, comprend deux événements qui ont scellé symboliquement le destin de Paul Lucien Zbinden : tout d'abord, l'apparition d'un arc-en-ciel dans la voûte céleste, premier signe d'alliance après le Déluge ; puis, la fête de Hanoucca, célébration de la victoire de la lumière sur l'obscurité, de la résistance de la foi sur le paganisme, et de la liberté sur l'oppression. Tout un programme de vie !

Je prends conscience de l'enjeu que revêt l'acte d'écrire mon grand-père : comment redonner forme, voix et substance à l'absent ? Comment rouvrir les archives et mémoires familiales, chercher au plus profond de moi ses empreintes vocales, humaines et spirituelles ? Comment rassembler ces éclats de sens, ces bris mémoriels, lettres, anecdotes, souvenirs enfouis chez une tante ou un cousin, dispersés comme pour aiguiser et mettre à l'épreuve ma persévérance ?

Myriam, sa fille aînée, avait entrepris de raconter son enfance en quelques feuillets d'une écriture ronde et élégante. J'y débusquerais mes premiers indices.

Mon arrière-grand-père, Marc Henri Zbinden, avait été jardinier et horticulteur à Versoix, près de Genève, un travail saisonnier qui ne lui permettait que difficilement de subvenir aux besoins de sa famille : quatre enfants, et trois jeunes neveux orphelins. Très jeune, mon grand-père choisira de financer lui-même ses études en trouvant un emploi dans une usine d'armement pendant la guerre, puis à la fabrique de chocolat Favarger à Genève. Sa fierté et sa persévérance étaient donc inscrites dans ses gènes. Mais il me manquait encore l'élément éclairant ou justifiant son action sous l'Occupation.

Je me souvins d'une liasse de vieilles lettres et photos léguées par ma tante, dont une carte postale d'un format particulier : un panorama en triptyque qui, déplié, laissait apparaître un groupe de bâtiments imposants, aux façades blanches, qui surplombaient un village de petites maisons collées les unes aux autres. Celles-ci recouvraient une pente douce parsemée d'arbres, taches sombres, et coupée par deux ou trois minarets. La carte était signée : Emma Zbinden, la sœur de mon grand-père. Je l'ouvre. L'imprimeur a placé son empreinte en bas de page : Publisher, Krikor Jenazian, Merzifoun. Sur le cliché, des annotations griffonnées par Emma : College Circle, École des filles, Collège, Librairie, Hôpital. Au verso, un destinataire à l'adresse plutôt elliptique : Monsieur Paul Zbinden, pasteur, Desaignes, Ardèche, France. Et ces mots, à l'encre bleue :

Merzifoun, 7 février 1926.
Merci, cher Paul, pour l'envoi de cartes. Je me promène déjà en pensées à Desaignes. Espérons que rien ne viendra empêcher ces plans de vacances. Comment as-tu trouvé nos chers en Suisse ? Messages affectueux, Emma Zbinden, American School, Merzifoun, Anatolie.
P.S. : panorama pris en 1914

Mon père m'avait un jour confié que « tante Emma » avait été citée plusieurs fois par son propre père comme un modèle et une inspiration. Dans ses mémoires, Myriam se souvient des larmes que versa mon grand-père à la mort d'Emma : une scène impressionnante et inhabituelle pour une petite fille qui ne le voyait jamais pleurer. L'affection et l'admiration qu'il manifestait envers sa sœur semblent avoir joué un rôle déterminant sur sa vocation pastorale et sur ses futures actions courageuses.

Emma. Je ne savais rien d'elle.

Depuis quatorze ans, chaque rencontre, chaque pièce ou document contient un repère supplémentaire. Par enchâssement et par ricochets, strate après strate, le destin de l'un révèle en filigrane celui de l'autre. Une radiographie familiale par médiation.

Me voici donc sur la piste d'Emma. Invitée surprise de mon enquête. Mes recherches vont me conduire aux archives de l'American Board of Commissioners for Foreign Missions. C'est là que je découvre la saga d'Emma : des lettres rédigées par mon arrière-grand-tante, des traces de sa formation puis de son engagement en Anatolie, des bons de commande de livres et pièces officielles signés de sa main, une photo où elle pose avec ses collègues. Image délicieusement rétro, au style plus victorien qu'années folles.

La jeune aventurière quitte, à 29 ans, les bords du lac Léman pour le YMCA de Liverpool. Puis, après avoir appris l'anglais de manière intensive, elle s'embarque pour Sivas, ville arménienne d'Anatolie, où elle travaillera dans un orphelinat. Arrivée à Marsovan en 1915, elle est confrontée aux persécutions et déportations qui frappent la population arménienne : 13 000 Arméniens de la ville seront arrêtés. On ne les reverra plus jamais. Les responsables et enseignants de l'hôpital qui dépend de la Mission assistent impuissants à la rafle des soixante-douze Arméniens engagés par l'institution : tous emmenés dans des charrettes, soumis à la torture, puis rapidement exécutés. Les étudiantes de la Girls School, jusque-là protégées et cachées par le personnel, seront, elles aussi, victimes d'une rafle. Un matin, quatorze chariots bâchés sont stationnés devant les portes de l'établissement : l'armée turque enlève soixante-douze jeunes filles.

Rafles. Camions bâchés. Listes. Déportations.

S'ensuit un épisode qui traduit le courage des missionnaires fermement décidées à retrouver leurs étudiantes et à leur éviter la mort.

Elles parviendront en effet à négocier le retour des captives à Marsovan. Une des enseignantes impliquées dans le sauvetage décrit ainsi ses sentiments : « C'était comme demander à des tombes de s'ouvrir et de rendre les morts, de tenter cet été de sauver tous ceux qui avaient été saisis et envoyés en déportation. » Il ne restait désormais qu'une cinquantaine de protestants arméniens dans la petite ville de Marsovan, derniers survivants d'une communauté d'environ mille personnes avant l'extermination. La pression des autorités turques ne se relâchait pas.

Fouillant la toile, j'ai la surprise de découvrir plusieurs mentions du nom de cette tante intrépide dans un livre racontant l'histoire mouvementée et passionnante de ce collège fondé par des Américains, *Educating across Cultures* de William McGrew[26]. L'auteur souligne le rôle d'Emma au sein de l'hôpital, tantôt protégeant les civils arméniens, tantôt apportant des soins aux soldats ottomans. Le front se rapprochant, les autorités turques décident d'expulser tous les étrangers au printemps 1916 ; ceux-ci se replient sous bonne escorte sur Constantinople. Tandis que plusieurs familles choisissent de rentrer aux États-Unis, quatre femmes font le choix de revenir à Marsovan. Parmi elles, Emma. Leur seule priorité : le sort des jeunes filles restées sur place et des orphelins menacés d'être transférés dans des structures inadéquates. Habitées aussi par leur désir d'enseigner et éduquer la population musulmane locale. Bras droit de la directrice des opérations, Emma porte sur sa supérieure un regard admiratif : elle voit en cette femme qui ne recule devant aucun obstacle, une figure d'identification. Très vite, le quatuor reprend ses activités au sein de l'école, malgré la présence constante de soldats. La clinique, devenue hôpital militaire, voit se succéder les épidémies, typhus, choléra ou rougeole.

Emma, samaritaine emportée par cette crise sanitaire et humaine : à peine achève-t-elle sa journée de cours qu'elle enchaîne sur la formation de ses jeunes élèves aux soins infirmiers et à la couture : plus de dix mille vêtements seront ainsi confectionnés pour les soldats alités. La petite ville accueille quelques milliers de réfugiés musulmans qui logent dans les maisons « vidées » de leurs propriétaires arméniens. Bientôt des Grecs chassés par la guerre les rejoignent. Sous la direction des quatre missionnaires, c'est une véritable entreprise textile qui se met en place pour subvenir aux besoins de cette population. Malgré l'entrée en guerre des USA en 1917 et la détérioration des liens entre les deux pays, le petit groupe poursuit ses activités. La cheville ouvrière et leader, Frances, succombera au typhus avant qu'Emma ne soit victime d'une dysenterie qui l'affaiblit terriblement. En dépit de sa fragilité, sans contact avec le monde extérieur, sacrifiant ses rations pour celle des patients, Emma ne relâche aucun de ses efforts, plus dévouée à sauver des vies autour d'elle qu'à préserver la sienne.

Elle attendra la fin de la guerre, et l'été 1919, pour revenir en Europe, et se laisser soigner. Trois ans après, à peine remise, elle retourne en Anatolie, puis à Constantinople qu'elle ne quittera définitivement qu'en été 1931. Enseignante, formatrice, couturière, et infirmière, Emma, humble héroïne, servante des plus faibles, ne fait acception de personne, au risque d'y perdre sa vie. Dans une lettre du 29 octobre 1924, adressée aux responsables américains de la Mission, une de ses collaboratrices directes à Marzovan témoignera du dévouement jusqu'au-boutiste d'Emma : « *Nous allons très bien. Mlle Zbinden se fatigue beaucoup, avec 17 périodes d'enseignement en plus de son travail d'intendante. Cette dernière tâche est très pénible, car elle doit surveiller en personne chaque activité dans la cuisine et la maison.* »

Une facture de la librairie Naville à Genève, figurant dans les archives que je consulte pièce après pièce, fait état d'une commande de douze exemplaires de *Mon premier livre* pour faciliter l'apprentissage du français chez ses étudiants. Emma, consacrée au bien d'autrui.

Ces découvertes inattendues sur la détermination passionnée et stoïque de « tante Emma » corroborent les notes de Myriam, scrupuleux échos des confidences de son père : « *Infatigable, déguisée en homme pour pouvoir veiller sur les blessés de cette guerre atroce, tenant courageusement tête aux soldats qui voulaient l'en empêcher, elle risqua bien souvent sa vie. À tout moment, la Mission était envahie par des groupes musulmans cherchant à débusquer d'éventuels chrétiens qui y auraient trouvé refuge. Tante Emma a pu sauver de nombreuses personnes, dont de jeunes filles qui, sans elle, auraient été violées, puis égorgées. Je me souviens de son séjour chez nous à Desaignes, et surtout de lui avoir rendu visite avec papa à Lausanne, lorsqu'elle avait été soignée à la Clinique des Charmettes, peu avant sa mort. Un visage mat, entouré de cheveux brun foncé sur un oreiller blanc. Sa voix était un peu rauque, mais très douce. Une infirmière est venue me chercher et s'est occupée de moi jusqu'à la réapparition de papa. Ce qui m'a le plus impressionnée, ce sont les larmes de mon père, après avoir quitté la chambre de sa sœur. Il l'aimait, l'admirait. Elle était à l'origine de sa vocation pastorale.* »

J'avais dans un premier temps pris peur de m'égarer en m'engageant sur la piste de « tante Emma ». Mais plus je me documentais sur sa vie en Anatolie et sur la tragédie de ce génocide auquel elle avait été confrontée, plus j'y voyais un élément fondateur et préparatoire du ministère de Paul, son frère, mon grand-père.

Ainsi cette figure inspiratrice, annonciatrice apparaissait comme l'un des déclencheurs du courage convaincu et désintéressé que manifesterait son frère au moment où le peuple juif serait à son tour menacé de génocide.

Été 1924, Desaignes, près de Lamastre. La France manquait de pasteurs. Fidèle à sa tradition, la Suisse forme et envoie des ministres dans les régions touchées par cette pénurie spirituelle. À l'âge de 24 ans, le jeune Paul Zbinden prend donc une charge pastorale dans ce petit village ardéchois. Le presbytère jouxte l'Église libre, devenue aujourd'hui salle d'exposition et d'événements artistiques. En surplomb se déploie le petit verger où mon grand-père cultivait des groseilliers et soignait son jardin potager, un if aux branches pendantes y offre toujours son ombre bienfaisante.

À peine arrivé, le jeune pasteur emprunte la Calade, rue pentue qui le conduit au centre du village, jusqu'au temple protestant. Paul est curieux, désireux de s'imprégner de la mémoire et de l'histoire du lieu. Une inscription difficile à déchiffrer orne le fronton. Qu'est-ce ? Paul Zbinden aime la relation, et ne peut s'empêcher de s'approcher des habitants pour faire connaissance. Un des villageois, de sa voix chantante, lui raconte alors l'histoire de la « pierre gravée ». « Si vous avez de bons yeux, Monsieur le Pasteur, vous lirez : "Ma maison est maison d'oraison" ». L'ecclésiastique, en fin connaisseur des textes bibliques, réagit avec enthousiasme : « Mais c'est une parole du prophète Esaïe ! » Cette pierre encastrée était le dernier témoin du premier temple du village détruit par les dragonnades. Symbole de la résistance et de la foi huguenote, elle avait été cachée par un fidèle, qui avait risqué sa vie pour que subsiste cet héritage. Une pierre indissociable de l'histoire du protestantisme résilient, la pierre de Scone ardéchoise.

Une communauté menacée, un sauvetage périlleux, une trace du passé. Paul médite quelques instants sur le courage de cet inconnu, si attaché aux racines de sa foi, puis il reprend sa route.

« Monsieur le Pasteur » aime à rejoindre ses paroissiens sur le terrain : il met la main à la pâte, taille les arbres fruitiers, fauche, moissonne avec les agriculteurs. On le disait expert dans l'art de faire les meules de foin autour d'un pieu, selon la tradition du pays. Dans les champs du Vivarais, Paul Zbinden transmue les armoiries de la famille Zbinden représentant une gerbe de blé liée par un ruban. Réunir, rassembler, entourer les êtres et les épis.

Un autre affluent viendra alimenter ma réflexion sur les héritages et transmissions parfois inconscientes.

Je me souviens en effet d'une découverte faite sur le mur des galériens du Musée du Désert. Depuis la Révocation de l'Édit de Nantes en 1635, la religion protestante était interdite par le Roi de France : pratiquer sa foi était synonyme de « crime de religion ». La persécution s'était abattue sur cette communauté : pasteurs assassinés, femmes condamnées à la prison à perpétuité, maisons brûlées, pillage des biens, adolescents et hommes envoyés aux galères dans des conditions qui n'avaient rien à envier aux rameurs des trirèmes romaines : on les appellera les « galériens pour la foi ». Sur le mur des noms, le Musée rend hommage à plus de 2700 protestants condamnés à ce supplice. Je me prends à me demander si l'un de mes ancêtres y figurait. De ce curieux défi surgit un rendez-vous avec l'histoire. Car sous la lettre B, je lus « Billaud », le nom de ma grand-mère !

Billaud Jean, né vers 1648. Matelot, condamné à Aix-en-Provence le 12 juin 1694. Mort à l'hôpital le 20 septembre 1705. Sur les galères « La Couronne » et « La Belle », n° écrou : 17270.

Silence.

Marion Arnstein, Drancy, n° matricule : 17483

Ainsi, ma grand mère, Marguerite Billaud, dessinait une ligne de force sur ses petits-enfants, comme un vecteur d'héritage spirituel et historique. Cette découverte venait me rappeler que le hasard peut réveiller cette hérédité immatérielle, parfois en dormance, pour nous réinstaller dans une généalogie : Jean Billaud ou l'urgence d'une action courageuse. La famille Billaud portait en elle la foi déterminée. Il suffisait d'un « *Koumi* » ou d'un « *Egertheti* »[27] pour que l'héritier se lève, et se saisisse du flambeau allumé par ses ancêtres.

En 1662, un autre Billaud, Adam, poète et menuisier, sera persécuté à Nevers pour « cause de religion ».

Louis-Philippe Billaud, officier d'état civil, notable, membre fondateur de la Société vaudoise d'histoire et d'archéologie, le père de ma grand-mère, laissera lui aussi une empreinte inaltérable dans le village vaudois de Donneloye : luttant en effet contre un alcoolisme chronique, il avait assisté par curiosité et pudique espoir à une réunion de la Croix-Bleue organisée dans le temple protestant. À la fin de la prédication, le notable s'était levé de son banc, avait emprunté l'allée centrale et traversé l'église sous les regards médusés de l'assemblée. Touché en profondeur par l'appel à changer de vie lancé par l'orateur, mon aïeul avait choisi d'y répondre, bien décidé à accorder la suite de son existence sur les principes bibliques et à le manifester publiquement. Un murmure se répandit dans le temple : « Si le père Billaud s'avance, on peut tous s'avancer. » Comme un seul homme, les villageois sortirent des rangs pour le rejoindre.

« Être heureux, c'est apprendre à choisir ». Louis-Philippe incarnera l'adage de Sénèque : fidèle à ses choix, il transformera une partie de la ferme familiale en une salle de réunion et y invitera un jeune pasteur, Paul Zbinden. En ce soir de novembre 1925, le prédicateur n'aura d'yeux que pour la jeune pianiste, fille du propriétaire des lieux, qu'il épousera et entraînera en Ardèche.

Le presbytère de Desaignes accueillera cinq enfants : la première fille, Myriam, naît en 1927 ; suivront Étienne en 1928, Jean-Jacques en 1929, Ruth en 1930 et enfin Madeleine en 1932.

Quelques mois après la naissance de ma tante, le synode propose un nouveau poste à Paul Zbinden, celui de pasteur dans une petite ville du Gard, nichée au creux du vallon d'Anduze.

Il ne le sait pas encore, mais son destin va basculer. Et avec lui, le mien.

Ainsi, la jonction avec Saint-Jean-du-Gard se prépare. Chaque acteur ou figurant y sera bientôt appelé pour prendre part à un film choral, conduits par ce que d'aucuns nommeront Parques ou destin ; j'ai pour ma part appris à y reconnaître un metteur en scène invisible, parfaitement maître de sa partition, de son tempo et de son script.

C'est dans le cabriolet Peugeot 90S qu'il vient d'acquérir que Paul Zbinden, et sa petite famille, sillonnent les monts d'Ardèche pour rejoindre Saint-Jean. La transplantation en terre cévenole aura une incidence indéniable sur les engagements de mon grand-père.

En parcourant à mon tour les rues de cette petite ville, interrogeant son histoire, j'essayais à en saisir toute la richesse et la densité. Monuments et lieux saint-jeannais m'apparaissent aujourd'hui comme les différentes « mansions » d'un décor où se sont joués, depuis le Moyen Âge, miracles et mystères. Ces « mansions » demeurent, veillent et traversent le temps : elles semblent lancer une invitation à relire, saisir, peser et comprendre la mémoire huguenote qui imprègne chaque village et chaque coin de ces vallées.

Une histoire d'oppression et de courage.

Dès 1685, la Révocation de l'Édit de Nantes, en interdisant par décret royal la pratique de la religion réformée, avait signé le début des persécutions pour la communauté protestante : arrestations, torture, emprisonnement, destruction des lieux de culte, exécutions, pillage, condamnations aux galères, enlèvements d'enfants, conversions forcées, exil. Les protestants n'avaient d'autre choix que d'entrer dans la clandestinité : leurs célébrations et assemblées se tiendront désormais dans des lieux secrets. Cette succession d'épreuves, de souffrances, mais aussi de résistance, ils l'appelleront « Désert », en référence au peuple d'Israël, à ses quarante années d'errance dans le désert : un temps de mise à l'épreuve où les Hébreux ne pouvaient compter que sur la fidélité de leur Dieu.

Je relis les heures de la ville et des collines. En émergent des lieux et des figures historiques bien connus de mon grand-père. Je comprends aujourd'hui celles qui furent pour lui des germes de courage et d'engagement.

À quatre kilomètres de Saint-Jean, le hameau de Falguières. Abraham Mazel, une figure de la guerre des Camisards, y naît en 1677. À 24 ans, il dit avoir été saisi par l'Esprit de Dieu, et avoir reçu en vision la mission de mener une guerre contre les persécuteurs catholiques : il se lève, comme le Père des croyants dont il porte le nom, prêche, et se bat sans relâche. Abraham Mazel, le combattant, défie les troupes royales et entraîne à sa suite les camisards qui mèneront une guérilla deux années durant. Clin d'œil, son aventure militaire l'emmènera en quatre lieux, associés quelque deux cents ans plus tard à la vie de mon grand-père : Saint-Jean-du-Gard, le Vivarais, Genève et Lausanne.

Résister. Ce verbe à l'infinitif intemporel, éternel, graffiti le plus célèbre de l'histoire protestante, gravé dans la pierre de la Tour de Constance à Aigues-Mortes, poursuit sa route dans les consciences huguenotes.

La Bible pénètre Abraham et ses frères d'armes, qui portent tous des prénoms inspirés de figures hébraïques : Gédéon Laporte, Élie Marion. Ils perpétuent l'esprit de résistance des Maccabées : lutte contre la persécution et l'intolérance, refus de toute forme de compromis, consécration d'une vie, sacrifiée si nécessaire, dans le seul but de préserver leur liberté de croyance.

Les flambeaux de Hanoucca rallumés au cœur des vallées cévenoles.

Je saisis peu à peu que la parole biblique, texte fondateur, héritage revendiqué et vécu au quotidien par les huguenots, avait imprégné la terre qu'aimait à parcourir le pasteur suisse.

Savait-il à cette époque que l'ancêtre de son épouse, la discrète Marguerite, avait été galérien de la foi ? Tout dans le théâtre naturel des Cévennes où s'était jouée la tragédie du courage camisard rappelait et enseignait ce patrimoine humain et spirituel. « Tout lieu que foulera la plante de ton pied, je t'y placerai »[28], dit l'Éternel à Josué. Parcourir un territoire, un sol, se laisser gagner par ce qu'il raconte et porte dans ses entrailles peut parfois nous conduire à nous y enraciner. Paul, randonneur dans l'âme, a marché jusqu'au col de l'Exil, qui domine Saint-Jean. On raconte que ce sommet tire son nom du dernier regard lancé par les galériens avant de quitter leur terre. Les larmes de la séparation et les armes de la foi ont fécondé ces vallées : chaque pierre, mas, ou pont porte témoignage d'une anecdote, d'une famille, d'une bataille, ou d'une action héroïque de l'engagement huguenot ; n'est-ce donc pas à Saint-Jean-du-Gard qu'apparut pour la toute première fois le nom de « camisard », dans une lettre de 1703 ? Saint-Jean-du-Gard ou l'acte de renaissance du courage protestant.

André Chamson, lors de la commémoration du 250e anniversaire de la Révocation de l'Édit de Nantes en 1935, prononcera au Musée du Désert un discours enflammé : nul doute qu'il se gravera ce jour-là dans le cœur du jeune pasteur trentenaire :

« Nous trouvons ici le mot qui nous livre le secret de nos Cévennes, le mot qui est gravé sur la pierre de la tour de Constance et que le vent semble siffler sur les roches ou dans les herbes dures de nos hautes crêtes, par-delà le Jardin de Dieu, sur les hauteurs de l'Aigoual et de la Fageole, le mot que l'on répète aux petits enfants dans toutes les maisons de nos vallées, le mot qui semble inscrit dans ce vallon et dans ce petit village : résister. Et résister, c'est sans doute combattre, mais c'est aussi faire plus : c'est se refuser d'avance à accepter la loi de la défaite. Voilà l'exemple que nos Cévennes donnent à l'homme. Elles lui disent, par toute leur structure, par toute leur histoire, par toute l'humanité, que résister, c'est d'abord ne pas s'arrêter à la persécution, ni à la calomnie, ni à l'injure, puis, s'il le faut, que c'est combattre, et puis vainqueur ou vaincu, que c'est résister quand même, c'est-à-dire rester semblable à ce que l'on est jusque dans la défaite, jusque dans les fers. »[29]

La famille Zbinden prend donc ses quartiers dans le presbytère de Saint-Jean-du-Gard, une bâtisse de deux étages, protégée par la Tour de l'horloge, dernier vestige d'une église romane détruite pendant les guerres de religion.

Pour marquer la fin d'un premier hiver glacial, l'amandier émergeant du jardin voisin offre le spectacle de sa blanche floraison. L'arbre annonce l'aube du printemps. Paul Zbinden y lit une illustration d'un texte biblique, celui de la branche d'amandier du livre des Nombres, au chapitre 17. Selon certains rabbins, cette éclosion inattendue exprime l'empressement, l'aspiration à répondre sans attendre à notre appel. L'arbre de résilience et de vigilance arbore des branches aux fleurs paraboles, comme un ordre de mission et de positionnement face aux temps qui s'annonçaient.

Dans ma recherche d'identification des sources et des causes de l'engagement de mon grand-père, j'ai écouté avec attention le témoignage de ma tante, Mado. Elle évoqua un jour la guerre d'Espagne, et l'arrivée de réfugiés espagnols à la gare de

Saint-Jean. Paul Zbinden était présent à la descente du train pour leur donner à boire et à manger. Tous seront hébergés par les habitants de la région. Seul sur la place, Joseph, bientôt 14 ans. L'âge de Peter. Marguerite Zbinden n'hésite pas une seconde. Il sera hébergé plus de trois ans par la famille suisse. Soucieux de l'éducation de plus jeunes réfugiés disséminés dans la petite ville, Paul les rassemble une fois par semaine pour « l'École du Jeudi » où se mêlent dans une pédagogie novatrice et libératrice l'étude biblique, les jeux et les randonnées. Prendre un enfant par la main. Veiller sur l'éprouvé. Joseph rejoindra ses parents à la fin de l'année 1941. Parmi les photos de famille, celle, toute petite, d'un jeune homme droit, en costume, aux lunettes de professeur, debout dans un champ. Au verso : *En vous souhaitant un joyeux Noël et une heureuse année 1942, Joseph.* Ainsi, les protestants des Cévennes se souviennent de leurs ancêtres, réfugiés huguenots, dispersés par la persécution, cherchant protection et recueillis par des nations sœurs. À leur tour, ils ouvriront cœurs et maisons à l'exilé. La mémoire est un vecteur d'engagement et d'action.

Le labyrinthe des souvenirs et de la petite ville me réserverait encore bien des surprises.

Automne 2017. Je décide de redescendre dans le Gard pour mener l'enquête. Sans contact sur place ni indication. Mon premier objectif est de me rendre aux Archives municipales. Peut-être y glanerai-je quelques brins d'indices ? Lors de cette visite, la secrétaire de la mairie m'entend mentionner le presbytère, la demeure familiale dans laquelle je ne suis jamais entré. C'est, de surcroît, dans le même bâtiment, au dernier étage, que se trouve l'église où officiait mon grand-père. Je ne sais pourquoi, mais une intuition me pousse à y aller. Comment y pénétrer ? La secrétaire me donne le nom d'une Madame Rocher seule habilitée à nous donner accès au lieu.

Le lendemain, jour de marché à Saint-Jean. Je discute avec un ami de la famille qui tient un stand et lui fais part de mon désarroi : comment trouver Madame Rocher ? Il m'interrompt.

« Madame Rocher ? Je viens de la croiser ; il se pourrait bien qu'elle repasse par là. » À peine termine-t-il sa phrase que la dame en question apparaît derrière moi. Notre ami lui parle brièvement de mon désir de visiter le presbytère : elle lui répond, plutôt étonnée, qu'elle porte justement sur elle la clé de l'édifice. « Prenez la clé, entrez et regardez tout ce que vous voulez ; vous la déposerez dans la boîte aux lettres à la fin de votre visite. » Cinq minutes après, je pousse la porte du presbytère. À ma plus grande surprise, toutes les pièces sont ouvertes. Au rez-de-chaussée, une salle de réunion et un garage ; à l'étage, les chambres et la cuisine. Il faut encore gravir l'escalier de bois pour rejoindre la salle de culte. Parvenu au dernier étage, j'aperçois une armoire vitrée. Elle m'appelle. Je m'en approche et l'ouvre délicatement. Devant moi, de vieux registres contenant les procès-verbaux des années 20 et 30.

Ces livres me révéleront un épisode à la fois courageux et douloureux du ministère de Paul Zbinden, sur lequel je reviendrai ultérieurement.

À l'entrée du presbytère, une plaque commémorative avait attiré mon regard. Ruben Saillens, théologien, prédicateur, compositeur, figure incontournable du protestantisme évangélique, y était né au mois de juin 1855. Plus troublant encore, sa naissance semble avoir eu lieu dans la chambre où mon propre père avait vu le jour, en 1934.

J'allais apprendre que Ruben Saillens, emboîtant le pas d'Émile Zola, avait pris la défense de Dreyfus et réagi contre l'antisémitisme de cette fin de siècle, s'inscrivant dans la ligne de pensée de l'Église baptiste de son temps. En témoigne ce passage écrit par un de ses coreligionnaires, à quelques années de l'arrivée au pouvoir d'Adolf Hitler :

« Comment expliquer la survivance du peuple d'Israël, sans l'intervention à toutes les époques de son histoire, et maintenant encore, du Dieu qui avait fait à Abraham la promesse de le faire devenir une grande nation, qui servirait de témoin de la fidélité à sa Parole ? [...] C'est là le rôle que Dieu avait prédit à ses pères ; c'est le rôle qu'il a rempli dans l'histoire et qu'il continue à remplir. Toutes les puissances de la terre et de l'enfer se sont acharnées contre lui : aucune n'a réussi à le faire mourir. Ami lecteur, faites bien attention quand vous verrez passer un Juif : il y a Dieu derrière. Ils sont maintenant neuf millions dispersés à travers le monde, neuf millions de témoins de Dieu. »[30]

Un mois après la publication du *J'accuse* de Zola, Saillens rédige un texte intitulé « La révision d'un procès célèbre » dans lequel, de manière audacieuse, il établit un parallèle entre Albert Dreyfus et le Christ, tous deux victimes d'injustice. Désireux d'en savoir plus sur ce pasteur « dreyfusard », prédécesseur de Paul Zbinden en des lieux qui commençaient à me livrer leur secret, je découvris un des poèmes composés par Saillens au cours du printemps 1934, réinterprétation d'une œuvre du poète juif américain Philip Raskin (1880-1944). Quelques mois après la parution de ces vers, Adolf Hitler s'autoproclamera *Reichsführer*.

Un Juif à Hitler

Les Juifs te survivront, Hitler,
Toi qu'un peuple de fous adore !
Comme autrefois Haman tomba devant Esther
Tu mourras, – nous vivrons encore !

Caïn ! Sur ton front, l'on verra
L'affreux stigmate de ton crime
Et le peuple immortel, innocente victime,
De ta chute triomphera !

Les persécuteurs de tout temps,
Les Titus, les Néron, tombèrent,
Mais les martyrs sont devenus, depuis longtemps,
Les saints que les peuples vénèrent.
Hitler, les Juifs te survivront !
Malgré ta puissance usurpée,
Ton destin sera d'être un autre Pharaon
S'ajoutant à notre Épopée ![31]

Saint-Jean du Gard, berceau de l'engagement philosémite de ces deux pasteurs, Paul et Ruben. Correspondance plus troublante encore, la mention d'Esther, figure d'inspiration et d'identification pour nos deux hommes.

Paul Zbinden a vraisemblablement participé à l'Assemblée du Désert du 6 septembre 1942. Elle eut lieu au Musée du Désert, lieu de mémoire du peuple protestant, installé dans le Mas Soubeyran, ancienne maison du chef camisard Rolland. Plusieurs dizaines de pasteurs protestants et des collègues issus d'autres églises, ainsi qu'une foule de quelque 4000 fidèles y entendront Marc Boegner, président du Conseil national de l'Église réformée de France. Il s'était déjà fait remarquer pour sa lettre du mois de mars 1941, adressée au grand rabbin de France, Isaïe Schwartz : « Notre Église, qui a jadis connu les souffrances de la persécution, ressent une ardente sympathie pour vos communautés dont en certains endroits la liberté du culte est déjà compromise et dont les fidèles viennent d'être si brusquement jetés dans le malheur. Elle a déjà entrepris et ne cessera pas de poursuivre des démarches en vue d'une refonte indispensable de la loi [...] Entre vos communautés et les Églises de la Réforme existe un lien que les hommes ne peuvent briser : la Bible des Patriarches, des Prophètes et des Psalmistes, l'Ancien Testament. »[32]

Une semaine avant les rafles de Nîmes, le pasteur Boegner reprendra sa plume pour interpeller le Maréchal Pétain. Puis, à la fin du mois de septembre, c'est par une lettre destinée à être lue en chaire dans toutes les paroisses qu'il encouragera son Église à ne pas garder le silence devant la souffrance de milliers de Juifs qu'il nomme « frères ». Sous les châtaigniers de Mialet, en ce dimanche 6 septembre, le sermon du pasteur Boegner appelle les communautés à s'engager, en dépit des risques encourus, pour la protection, la vie et l'accueil des Juifs persécutés. Il évoque cette journée décisive dans ses mémoires : « Dans le sermon que je prononçai sur : "Sois fidèle jusqu'à la mort...", je parlai aussi nettement que possible de notre devoir d'être des bons Samaritains envers les Juifs souffrant tout près de nous [...] Ainsi commençait ce ministère qui, jusqu'à la Libération de la France, permit à des milliers de Juifs, français aussi bien qu'étrangers, d'échapper aux recherches des polices française et allemande. »[33]

Ce même jour, le pasteur de Saint-Jean-du-Gard, Henri Bruston, proche de mon grand-père, encourage ses ouailles à soutenir la communauté juive et n'hésite pas à dénoncer la politique de son pays. Cette audace pastorale porte du fruit : plusieurs Juifs avaient été cachés parmi les fidèles dans les bus en provenance de Nîmes et de Marseille ; ils seront immédiatement répartis dans des familles qui les protégeront.

L'été 1942 représente donc un tournant pour la communauté juive et pour les habitants de Saint-Jean du Gard : la rafle du Vél d'Hiv les 16 et 17 juillet conduit à l'arrestation de 13 152 Juifs, dont 4115 enfants ; les 21 et 22 août, les Juifs appartenant aux groupements de travailleurs étrangers (GTE) sont appréhendés. Coups de filet sur le Gard. Arrestations de familles juives entre le 25 et le 26 août à Nîmes. Au mois de novembre de la même année, la Wehrmacht envahit la zone du sud de la France, anciennement « libre ».

Il faut faire vite et trouver dès que possible un refuge sûr pour Ingrid et Peter. De son côté, Hans doit faire face à la menace d'une déportation, comme la plupart des Juifs enrôlés dans les STO.

Nourri de la mémoire huguenote et d'un protestantisme résistant et solidaire, éveillé par l'accueil des réfugiés espagnols, habité par l'Histoire du peuple de l'exil, Paul Zbinden se lèvera pour eux.

Une petite épiphanie littéraire liée à ma rencontre avec l'un des ouvrages de Patrick Cabanel, *Cévennes, un jardin d'Israël* me confirmera le lien organique entre cette région, ses habitants et la destinée d'Israël. Cette filiation, l'écrivain la restituait avec densité et poésie :
« Les protestants, eux, connaissaient les Juifs. Pas tout à fait ceux qui sont venus trouver refuge chez eux. Pas du tout même : les Juifs dont ils avaient l'habitude étaient ceux de l'Ancien Testament, une lecture qui leur était familière à l'égal de l'Évangile. Des Juifs de plusieurs milliers d'années en arrière ; des Hébreux. Ceux-là étaient pour les Cévenols comme des aïeux, des frères aînés. Ils en partageaient la géographie, les noms, le cri du psalmiste, sa crainte du Dieu vengeur et sa confiance dans la maison que bâtit l'Éternel. Ils avaient été, ils étaient peut-être encore une tribu d'Israël : un Israël du Désert et de la montagne, de la colère et de la fidélité, du sang donné et du sang versé.
Le Dieu des armées avait parcouru les Cévennes ; voici qu'arrivait une partie de son peuple, menacé ou captif dans la Nouvelle Égypte. Pendant quelques mois, une partie de la diaspora s'est fixée dans les nœuds pierreux des Cévennes. Les poètes et les pasteurs n'avaient cessé de le répéter : l'Aigoual ou le Bougès étaient un Sinaï. Juifs de papier et Juifs en chair et en os se trouvaient un temps réunis. La Bible était entre eux. »[34]

Un ouvrage du pasteur Napoléon Peyrat, dont je trouvai un exemplaire à l'Université de Lausanne, me donnerait une nouvelle clé de compréhension des Cévennes, palimpseste toponymique et spirituel des deux peuples :
« C'est le foyer de la résistance, l'orageux berceau des pasteurs du Désert, et, pour parler comme eux, le territoire sacré d'Israël. Le bas Languedoc, tant hanté, au Moyen Âge, des Juifs et des Arabes, a quelque chose effectivement de leur patrie orientale. C'est d'abord la culture cananéenne : l'olivier, le figuier, la vigne. Les basses Cévennes ont la stérilité des montagnes de Juda, et la plage du golfe, rongée de volcans et d'étangs insalubres, a, dans ses plaines de sel, l'aspect désolé de la mer Morte. »[35]

Tout faisait sens. Onze années passées à dialoguer avec les Cévennes avaient déposé une trace indélébile sur mon grand-père. Il y lisait Israël. Elles lui disaient Israël.

Cette compréhension des diverses forces animant Paul Zbinden me laissait cependant sur ma faim. J'avais identifié le décor et les protagonistes, mais voulais entendre la voix du personnage central : avait-il verbalisé cet héritage d'une manière ou d'une autre ? Je feuilletais ses cahiers d'études bibliques, à la recherche d'un signe, d'un mot, mais sans succès.

Le carnet vert.

Je l'avais presque oublié. Petit, discret, usé, endormi sous les strates de lettres et photographies familiales, il semblait attendre son heure. Blotti au fond de la caissette de métal reçue de ma tante, il ne me restait que lui. Sur ses pages quadrillées et jaunies où glissent les arabesques d'une calligraphie à l'encre bleue, au crayon parfois, je découvre des brouillons de poèmes, dont un rédigé pour le mariage de sa belle-sœur, Adèle, la sœur aînée de ma grand-maman. Émotion. Les alexandrins doivent dater de 1916, peut-être 1917. Plus loin, brusque retour à la réalité : son budget mensuel ! Véritable inventaire à la Prévert où je croise un fer à repasser, un coussin, un boléro, un réchaud électrique, deux abat-jour, un lapin et trente kilos de pommes de terre… Plus loin, des notes bibliques, dont une datant du 29 mai 1938.

Un texte couvrant quatre pages attire mon attention. Ce sera la réponse tant attendue, le premier volet d'une révélation en diptyque. Il commence ainsi « *C'est encore par la voix d'un exilé que le message patriotique vous est adressé cette année.* » Il s'agit d'un discours rédigé par mon grand-père, prononcé à l'occasion de la fête nationale suisse, le 1er août. Il y évoque les « *puissantes nations qui enserrent la Confédération, au milieu des conflits qui déchirent l'Europe* », le rôle de la Suisse « *asile de paix, semeuse de paix, secourable aux malheureuses victimes de la guerre, une Suisse compatissante, désirant et cherchant la paix et la liberté pour tous les opprimés. Alors que la liberté de croire est bannie dans plusieurs pays, nous avons toute la liberté d'exprimer nos sentiments.* »

Un paragraphe me permet de dater la rédaction de son discours à l'été 1938 et me donne les preuves que mon grand-père détenait des informations relativement précises sur le contexte politique de cette année. Ses lignes se font l'écho vibrant d'un cri du cœur, responsabilisant et déterminé : « *Alors qu'un coup de force a annexé l'Autrice et privé brutalement des millions d'Autrichiens de la liberté, nous sommes demeurés libres, bénissons-en le ciel. Alors qu'un joug de fer pèse sur tant de corps, de cœurs et de consciences, nous restons dans un régime de liberté. Alors que des centaines de pasteurs reçoivent chaque nuit l'affreuse bastonnade dans les camps de concentration d'outre-Rhin, vous recevez l'Évangile de paix et de liberté sans peine et sans sacrifice. Évitant les écueils tant de l'extrême droite que de l'extrême gauche, notre pays connaît la liberté. Pour la maintenir, des gens souffrent, meurent dans le plus grand dénuement : en regardant vos champs distiller l'abondance, je ne puis m'empêcher de penser aux vulgaires feuilles de raves que mange la population civile de Barcelone, où pendant des mois l'on ne voit pas de pain.* »

Une note en marge : « *Parler du malheur des enfants privés du nécessaire. Que serait-ce pour nous parents ?* »

Passent les ombres de Peter et de ses parents.

Le pasteur reprend sa harangue, faisant allusion à la sécheresse de l'année 1938 en France : « *Là-bas, dans les lointaines et rudes Cévennes, sur la terre brûlante, où depuis des mois la pluie n'est pas tombée, où la récolte du foin est manquée, un fermier de mes amis perd, l'autre semaine, poules, veau, vache, le tiers de son bien, tout à la fois. Sans plainte et sans murmure, il accepte l'épreuve. À mes paroles de sympathie, il répondit simplement : "C'est la terre, il nous faut cela pour nous détacher." Caractère et cœur solidement trempés, espérance en Dieu, voilà le pain qui rend fort.* » Derrière ces derniers mots, c'est de lui-même qu'inconsciemment il faisait le portrait.

Au fil de ma lecture se découvrait un homme bien au fait des événements traumatiques de son temps, un homme debout, résolu, bien décidé à susciter chez ses auditeurs la même compassion pour l'opprimé, le même combat pour la liberté, le même positionnement face aux dangers.

Je tourne avec respect, et grand soin par peur de les déchirer, les pages du carnet vert. Des chiffres, des calculs, des genèses de poèmes, des comptes. Une date. 23-3-29. Des notes de comités et de synodes. Un horaire de train, des gares, des itinéraires détaillés : Lausanne, Besançon, Pontarlier, Mouchard, Lyon, Avignon, Nîmes, Alès, Saint-Jean. Puis, une ébauche de réflexion sur le peuple qui se plaint de son sort et qui gémit au cœur de la tourmente. Des affirmations griffonnées de-ci de-là. « *Qui choisissons-nous de servir ? Aujourd'hui, le nationalisme déifie l'État ou le chef de l'État, comme c'est le cas de plusieurs pays d'Europe. Le conflit allemand en est le vivant et tragique exposé.* » « *Mettre le pied sur le terrain.* » « *Courage.* » « *Avoir le courage, la foi et la force : essayez !* » « *Sans foi, sans courage, on ne peut entrer dans son héritage.* »

Le motif thématique s'amplifiait, répété de page en page. Le courage. Le choix. Ce crescendo semblait annoncer un point d'orgue.

Esther.

C'est par ce prénom, rédigé à l'encre verte, que s'ouvre au milieu du carnet une étude de mon grand-père sur l'héroïne éponyme de la « *Megillat Esther* », le livre ou le rouleau d'Esther[36]. Dès la phrase introductive, le ton était donné : « *Les heures célèbrent dans la vie des grands hommes souvent venus de l'obscurité, surgissant subitement à l'heure tragique de l'Histoire.* » Sobres, mais troublants commentaires : « *Attention, un complot se prépare. Haman veut perdre le peuple de Dieu. Dieu le sauvera par l'intervention d'une jeune femme – noter ses hésitations – prend une héroïque décision ; prête à sacrifier sa vie. – « comme humains, nous avons une tâche à remplir.* »

Pesé, compté. Chaque mot raconte la montée des périls. Tout semble avoir été écrit pour l'aujourd'hui de Paul Zbinden, et du peuple juif. Nous sommes en 1938. Sait-il seulement qu'il dessine ici les contours de ses futures actions ? Bientôt, les circonstances le placeront devant le choix d'Esther. Il y répondra, sans faillir. Sa conclusion n'est pas simplement un sermon adressé à ses paroissiens, mais prend la forme d'un monologue dans lequel Paul semble s'inclure et s'exhorter lui-même. « *Comme chrétiens, Dieu nous appelle pour un temps comme celui-ci à faire notre devoir, à prendre nos responsabilités – ne nous plaignons pas, mais obéissons. Dieu sait que les temps sont difficiles, la situation est grave, mais c'est pour un temps comme celui-ci qu'il nous a appelés.* »

Ces lignes étaient la clé. Glissant du *nous* collectif au *je* engageant et engagé, Paul s'exhortait : « *Courage et en avant en face de la tâche pénible, car "qui sait si ce n'est pas pour un temps comme celui-ci que Dieu m'a appelé sur la terre".* »

La reine Esther lui apparaît comme l'idéal exemplaire et inspirant de l'abnégation et du courage. L'histoire de Pourim, persécutions et solution finale, éternel recommencement infernal du pogrom, du génocide.

Face à la haine, la souveraine avait ouvert le chemin des Justes. Paul y marcherait.

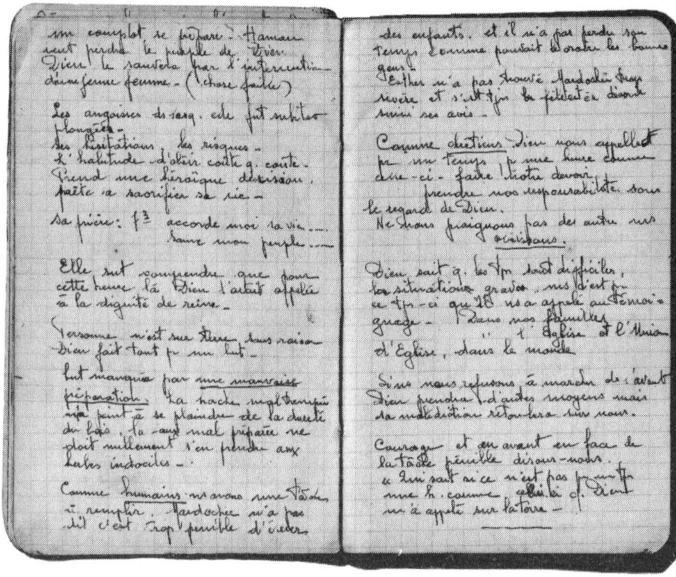
un complot se prépare – Haman veut perdre le peuple de [illegible].
Dieu le sauvera par l'intervention d'une jeune femme – (chose faite)

Les angoisses du [illegible]. elle fut subitement plongée –
les hésitations, les risques –
l'habitude d'obéir coûte q. coûte –
Prend une héroïque décision.
prête à sacrifier sa vie –

sa prière : [illegible] accorde moi la vie ...
sauve mon peuple ...

Elle sut comprendre que pour cette heure là Dieu l'avait appelée à la dignité de reine –

Personne n'est sur terre sans raison
Dieu fait tout p. un but –
but manqué par une mauvaise préparation. La hache mal trempée n'a point à se plaindre de la dureté du bois, la [illegible] mal préparée ne doit nullement s'en prendre aux herbes indociles –

Comme humains nous avons une tâche à remplir. Mardochée n'a pas dit c'est trop pénible d'élever des enfants. et il n'a pas perdu son temps comme pouvait le croire les bonnes gens –
Esther n'a pas trouvé Mardochée trop sévère et s'est tjrs [illegible] d'avoir suivi ses avis –

Comme chrétiens Dieu nous appelle p. un temps p. une heure comme celle-ci – faire notre devoir.
prendre nos responsabilités sous le regard de Dieu.
Ne nous [illegible] pas des autres nos [illegible].

Dieu sait q. les tps sont difficiles, les situations graves, mais c'est p. ce tps-ci qu'Il ns a appelé au témoignage – Dans nos familles
" l'Eglise et l'Union d'Eglise, dans le monde

Si ns nous refusons à marcher de l'avant Dieu prendra d'autres moyens mais sa malédiction retombera sur nous.

Courage et en avant en face de la tâche pénible disons-nous.
« Qui sait si ce n'est pas p. un tp. une h. comme celle-ci q. Dieu m'a appelé sur la terre –

Dans leur perspective cyclique de l'Histoire du monde, la pensée et la mémoire juives ont saisi le lien de parenté diabolique entre Amalec, Haman et Hitler. Les nazis, de leur côté, jouaient cyniquement avec le même récit symbolique, mais en le détournant. Julius Streicher, artisan de la propagande antisémite, dans un article de 1934 intitulé « La Nuit du Meurtre » puis dans un discours en novembre 1938, s'était saisi de l'histoire de Pourim pour transformer les Juifs en monstres assoiffés de sang et chantant la haine et célébrant la mort. Différentes sources font état de la pendaison de dix Juifs dans la petite bourgade de Zdunska Vola en Pologne afin de venger les dix fils de Haman.

J'avais enfin touché le cœur de mon enquête, mon Graal, mon Arkenstone.
Paul avait enseigné la bénédiction faite à Abraham.
Paul avait marché dans les pas de Ruth.

Il s'apprêtait à se lever aux côtés d'Esther.

Trois ans après cette étude, au printemps 1941, Paul Zbinden connaîtra une première épreuve qui l'amènera à faire montre d'un positionnement refusant tout compromis.

Les procès-verbaux que je consulte m'apprennent que l'église libre de Saint-Jean-du-Gard est en effet touchée par le mouvement dit de « Réveil »[37], une vague essentielle dans l'histoire du protestantisme, émergeant dès la fin du XVIIIe siècle. Un des nombreux ouvrages sur la question le détaille en ces termes : « Il faut réveiller les fidèles, c'est-à-dire les sortir de leur torpeur, ne plus seulement assister par habitude à des cultes où l'on écoute des dissertations savantes [...] L'acceptation des vérités évangéliques est ressentie par une expérience du cœur [...]. Le chrétien ainsi converti doit transformer sa vie. Le christianisme est donc une expérience spirituelle personnelle. »[38]

Contrairement aux réticences du conseil d'église qui cherche à contenir cet élan spirituel, Paul Zbinden y voit une opportunité pour l'église, un dynamisme nécessaire relevant d'un choix personnel : « *Vous ne pouvez dissoudre une conviction, une expérience.* » Isolé, incompris, critiqué, mais déterminé, Paul Zbinden sera conduit à devoir quitter son ministère pastoral dans cette communauté pour le poursuivre auprès d'autres fidèles de la petite ville, et contraint à déménager du presbytère. Ce séisme théologique au sein de l'assemblée a de graves et déchirantes conséquences pour le couple et leurs six enfants. Le coup est rude. La famille doit trouver à se loger, puis à se nourrir, dans ces temps de privation. Exil au cœur de la ville.

Un épisode certes mineur en proportion des drames que connaît la France de ce temps, mais nécessaire dans mon parcours. Le hasard m'avait conduit à voyager dans les archives de l'église, et à y trouver une séquence mettant en lumière l'intégrité et le courage d'un homme seul, face à ses convictions, dût-il en payer le prix fort.

C'est le mas de La Perrière qui les recueillera. Posé sur une butte, pris entre deux vallons, la maison aux murs blancs offrira à la tribu un hébergement plutôt spartiate, pauvre même. Pour ma grand-mère, une ombre vient encore s'ajouter à ce douloureux et humiliant exode : François, son petit dernier âgé de cinq ans, contracte la rougeole et devra être envoyé en Suisse pour y être soigné ; hébergé par un oncle dans le village de Donneloye, il y passera quatre ans idylliques malgré la séparation d'avec ses parents. Ses rares impressions de la guerre, celles qu'il m'a confiées, se condensent en une double image, sonore et visuelle : les bruits obsédants des bottes de soldats allemands dans les gares et postes de contrôle, et l'image fugitive, mais néanmoins marquante d'une traction avant, criblée de balles. Bruits de bottes gravés dans sa mémoire, comme dans celle de Peter.

Un souvenir raconté par Myriam souligne l'éducation au courage, à la persévérance, au don de soi et à la prise de risque pour le salut d'autrui reçue par les enfants du pasteur : fin 1942, les deux sœurs aînées Myriam et Ruth, et leurs deux frères, Jean-Jacques et Étienne, sont chargés par leur père d'une mission de la plus haute importance. Ils doivent transporter, dans leurs sacs à dos, la viande d'une chèvre abattue pour des paroissiens, isolés dans le hameau de Roquefeuil, au-dessus de Mialet. Il faudrait éviter de rencontrer « les occupants », ou croiser des résistants. Une longue marche d'une quinzaine de kilomètres, sous le soleil, et par des chemins escarpés. En dépit des risques et des difficultés, la petite troupe relève le défi, et revient au mas avec le fier sentiment du devoir accompli.

Paul Zbinden ne craint pas. Sa maison est l'une des rares qui possèdent un poste radio, me racontera ma tante. Elle se rappelle ces soirées où les voisins et amis se pressaient dans le salon familial pour écouter les dernières nouvelles. La voix forte, brutale d'Hitler, ses discours martelés comme un bruit de bottes. Aujourd'hui encore, elle les entend. Venait alors, poursuivait Mado, une phrase, solennelle, prononcée par mon grand-père, posé et convaincu, point final aux agressions verbales du Führer :

« Les Juifs sont le peuple de Dieu. Hitler ne gagnera jamais, car il a touché à la prunelle des yeux de Dieu. »

Parenthèse apaisante, les journées passées au mazet de Brion, une toute petite bâtisse de pierre, nichée dans un vallon où la famille Zbinden se retirait dès qu'elle le pouvait. Tous me l'ont confirmé ; depuis l'épisode de la cour d'école et sa rencontre inespérée avec mon oncle Étienne, Peter, désormais Pierrot, avait été pris sous l'aile bienveillante et protectrice de mes grands-parents, l'accueillant chez eux ou à Brion. Peter y fait référence dans l'ébauche de ses mémoires, évoquant un « *bout de terre où nous montions tous ; le pasteur faisait pousser herbes et légumes. Il possédait un cochon, et quelques poules. Après avoir arrosé (on me nomma Neptune, car c'est à moi que revenait ce travail !), nous allions nous promener sur la berge du ruisseau. Un jour, je voulus le sauter, mais pris mal mon élan et tombai dedans ! Tous de rire et de vouloir me secourir.* »

Dès la fin de l'année 1942, les frères et sœurs Zbinden rejoindront la Suisse et y seront dispersés dans des familles d'accueil. Peter-Pierrot, dernier « enfant » de la fratrie, les verra partir. Ses fréquentes visites à La Perrière et au mazet n'en seront que plus précieuses pour Paul et Marguerite. Mais l'arrivée des troupes allemandes scellera son destin, et celui de sa mère, ne laissant pas d'autre choix au pasteur que de les cacher dans la montagne du Brion.

La caissette noire cachait aussi d'autres gemmes : des lettres rédigées par ma grand-mère à ses enfants. L'accès à son cœur passait par le déchiffrement de son écriture, virevoltant en arabesques codées, comme par pudeur. Elle y déverse les larmes de la séparation, la détresse d'une maman éloignée de sa progéniture, y glisse conseils et exhortations morales, livrant parfois de précieux détails sur ses conditions de vie où l'on croise, par régulières intermittences, les Heller et le petit Peter, désormais fil rouge insécable, inséparable du parcours de vie de mes grands-parents.

Dans une lettre datée du 9 janvier, dont l'année n'est pas lisible, marquée de haut en bas du grand trait bleu de la censure: « *Le lendemain j'avais la famille Heller pour l'après-midi et la soirée; ce sont de si bons amis. Pierrot aime papa autant que toi. Et papa est heureux de l'avoir, ça lui rappelle ses chers absents.*
Dans ce pays, la châtaigne est une des principales ressources, papa nous dit que c'est la manne: comme la récolte a été abondante cette année, nous n'aurons pas trop faim cet hiver. Je souffre tant de l'exil en France, et la Perrière ne m'attire plus. »
6 septembre 1942: « *Ici, nous attendons le pire. C'est un temps de rude épreuve. Il fait très chaud et l'on pense pouvoir vendanger plus tôt. Le petit jardin de Brion est très beau, et nous fournit heureusement d'abondantes récoltes. Pierrot y est venu souvent pour aider papa. Nous l'aimons beaucoup.* » 21 février 1944: « *Ici, tu ne peux juger du dénuement: on vient me supplier de vendre nos vieux vêtements et nos vieilles chaussures, car on ne trouve plus rien à acheter. Les chaussures sont introuvables, les mamans sont fort inquiètes quant à l'habillement de leurs enfants. Si je me laissais faire, on m'arracherait tous nos habits. J'ai vendu bien des choses qui ne me seront pas utiles en Suisse et qui peuvent tirer d'embarras bon nombre de jeunes mamans.* » Le 12 juin 1944, après avoir espéré pouvoir revenir en Suisse depuis fin 42: « *Je pleure loin de vous, car je voudrais encore vous mettre à l'abri des pièges et des douleurs de la vie actuelle: hélas la maudite guerre est venue bouleverser tous mes plans et tous nos espoirs. La séparation est extrêmement dure pour nous, je ne cesse d'être avec vous tous et dans tout ce que je vous fais je vous y associe. J'attends tous les jours un mot du Consulat me donnant l'autorisation de rentrer en Suisse, mais c'est le désordre, la pagaille sur toutes les coutures et dans toutes les administrations. Ici, il faut se battre pour avoir ¼ de lait, et l'attendre 1h$^{1/2}$ à la laiterie.* »

Paul de son côté correspond un peu moins, mais toujours avec tendresse: dans une lettre du 18 avril 1944, « *L'absence se fait durement sentir et je désire tant vous revoir tous. Cela ne peut plus durer longtemps. Maman attend le prochain convoi de rapatriés pour vous revoir, mais je n'ai pas cette chance. Ici, comme dans la région, il se passe des choses extraordinaires, mais mieux vaut se taire que d'en parler.* »

Convaincu jusque-là que seuls les Heller avaient bénéficié de l'action désintéressée et courageuse de mon grand-père, je m'apprêtais à clore ce chapitre. C'était sans compter un rebondissement étonnant.

Coup de théâtre lors d'une nouvelle discussion avec ma tante.

« Il n'y a pas eu que les Heller… »

Silence.

Mado poursuit : « Tu devrais peut-être savoir que ton grand-père allait chercher des enfants juifs à Paris, et les ramenait dans la région pour les faire passer en Espagne, mais à l'époque personne dans la famille n'était au courant de cette activité. »

Stupeur… et tremblements !

Paul Zbinden avait attendu la fin de la guerre pour dévoiler progressivement un secret qu'il ne devait en aucun cas partager à sa famille, et à son épouse, sans mettre la vie de ses bien-aimés en danger.

Quel prétexte pouvait-il bien fournir pour justifier ses allers-retours à Paris pendant l'Occupation ? « Un certificat médical » me répondirent-elles. Armé de ce précieux sésame, il disait avoir rendez-vous pour des consultations chez un gastro-entérologue parisien. « Il faisait partie du réseau, enfin, de la chaîne. » De plus, « sa nationalité suisse ne le rendait pas suspect aux yeux des autorités ».

Je me rappelle avoir eu le sentiment d'être un peu dépassé par la portée de cette révélation. Que mon grand-père ait, malgré les grands dangers qu'il encourait, choisi de protéger Pierrot et sa mère, leur trouvant un refuge pour échapper aux Allemands me contraignait à faire exploser un certain nombre de cadres et de certitudes à son sujet. Découvrir maintenant qu'il avait élargi encore son « périmètre intérieur » en rejoignant le terrain périlleux des réseaux clandestins m'offrait une preuve supplémentaire de la parfaite adéquation entre sa compréhension théologique du rôle d'Esther et sa « mise en œuvre » sur le terrain, dans sa réalité : cohérence bienvenue entre le dire et le faire.

Paul Zbinden, désormais pasteur passeur.

Voici donc qu'un élément insoupçonné venait ouvrir une nouvelle piste à défricher et à explorer : selon mes deux tantes, leur père avait commencé son activité avant l'arrivée des troupes allemandes en zone libre. Elles se rappelaient l'avoir entendu mentionner à plusieurs reprises la ligne de démarcation, puis la rafle du Vél d'Hiv. Je leur demandai de rédiger chacune de leur côté les confidences reçues de la bouche de leur père après la guerre. Les deux témoignages concordaient, se complétaient, apportant une densité et une dimension bouleversante à cette scène :

« *Il m'a fallu beaucoup insister auprès de mon père pour obtenir les quelques détails sur son activité de passeur sous l'Occupation. Après la rafle du Vél d'Hiv, bien des enfants juifs avaient été confiés à des familles françaises pour qu'ils échappent à la déportation. C'est alors que s'organisèrent les passages des enfants en zone libre. Mon père a fait de fréquents voyages à Paris : à chaque fois, il y rencontrait un prêtre et un petit groupe d'enfants juifs, qu'il fallait convoyer jusqu'à la frontière espagnole, ou cacher dans le sud. Ton grand-père a pris des risques inouïs dans ces trains et nous en a raconté quelques rares épisodes.*
Le moment le plus dangereux fut d'abord celui du passage de la ligne de démarcation. Les soldats allemands contrôlaient les trains très rigoureusement, ils se divisaient en deux patrouilles afin de fouiller les wagons un par un ; l'une partant de la tête du convoi, l'autre de la queue, pour se rencontrer au milieu avant de faire demi-tour, chacun de leur côté. Mon père, bon observateur de cette

mécanique bien réglée, savait ce qu'il devait faire. Il nous avait précisé que l'arrêt intervenait dans une petite gare, très peu éclairée, voire obscurcie. Le train une fois immobilisé, les enfants étaient descendus à contre-voie, du côté de la zone la plus sombre ; "on" cachait les enfants sous le train, puis "on" les ramenait dans le wagon quand les soldats repartaient et avaient le dos tourné. Les enfants devaient parfois s'accrocher aux essieux, avec consigne de ne bouger que lorsque toutes les bottes des Allemands auraient disparu. »

Les rails, le train. Un des motifs les plus emblématiques de mon enquête. Il trace une ligne continue, unissant chaque personnage. La gare de Saint-Jean, première œuvre du jeune Peter ; la nuit angoissante d'interrogatoire dans une gare isolée, pour sa mère ; le voyage sans retour, pour Irma et ses parents ; celui de l'amère résurrection, pour Hedi et Marion ; l'arrachement à Saint-Jean, pour les enfants de Paul.

© Kip Ross

Éloge de l'inattendu. L'art de se laisser surprendre. Mon enquête, sans cesse relancée, semble faire écho à l'ouvrage de Philippe Gabilliet. La surprise viendra d'un cousin qui m'apporte, il y a quelques jours, une double révélation : lors de ses périlleux voyages, notre grand-père portait sur lui les papiers d'identité de ses propres enfants. En cas de contrôle, les enfants juifs devraient utiliser les prénoms et dates de naissance de mes oncles et tantes. Je découvre de surcroît, à ma plus grande stupéfaction, que mon grand-père sera arrêté et interrogé par la Gestapo. Preuve s'il en est de ses activités clandestines. Nous ne savons rien du contenu et des conséquences de cette épreuve. Vraisemblablement protégé par sa nationalité suisse, et probablement par sa fonction pastorale, il quittera les bureaux de la Gestapo sain et sauf, mais ce traumatisme viendra sans nul doute accélérer son retour en Suisse.

J'ai tenté de retrouver des enfants « passés et sauvés » par mon grand-père : tant de homes et résidences pour personnes âgées et rescapés juifs aux quatre coins de la France, au Canada, aux USA, en Israël contactés, joignant à mon appel à témoin des photographies de lui dans les années 40. En vain. Paul Zbinden n'était en effet qu'un des innombrables maillons anonymes d'une chaîne de solidarité et de courage. Un passeur de l'ombre.

C'est en hiver 44-45 que le couple Zbinden se décidera à rejoindre enfin la Suisse. Marguerite dépérit, le couple survit en recevant des paquets de la Croix-Rouge. Depuis plusieurs mois, Paul avait transmis aux autorités de Vichy le passeport de son épouse. Était-ce pour l'obtention d'un visa ? Il n'eut jamais de réponse ; pire encore, les papiers d'identité de son épouse s'étaient volatilisés... En me racontant cet épisode, ma tante s'interrompt. Il lui revient en mémoire les mots prononcés par sa mère, lorsqu'elle avait appris la disparition de ses papiers : « Tout ce que j'espère, c'est que mes papiers soient au moins utiles à sauver des Juifs... » En dépit des obstacles administratifs, il faut rentrer. La seule option est de traverser la frontière à l'aide d'un... passeur. Après un voyage éprouvant pour Marguerite, le couple rejoint les environs d'Annemasse : il s'agira, après s'être frayé un chemin dans les barbelés, de franchir le Foron, à l'eau glaciale. Ma grand-mère y trébuchera, puis y tombera. C'est transie de froid qu'elle met enfin le pied dans son pays.

Alors que je parcours la liste des réfugiés civils enregistrés à leur arrivée sur le territoire genevois, un détail retient mon attention : les noms de Paul et Marguerite Zbinden ainsi que leurs dates de naissance y figurent, accompagnés d'une deuxième Marguerite Zbinden née en 1927. De qui pouvait-il bien s'agir ? Une jeune fille inconnue de dix-huit ans, en quête de salut et de sécurité. Un mystère, une trace. La tribu se recomposera, d'abord à Lutry, puis à Ecublens dans la banlieue lausannoise.

Début du printemps 46, mon grand-père entreprend un retour à Saint-Jean accompagné de Myriam pour y régler quelques affaires : il y verra les Heller, « *trop peu de temps* », souligne Marguerite dans une lettre que je viens de découvrir. Ce détail n'en est pas un ! En effet, à plusieurs reprises, Marion m'avait dit avoir rencontré brièvement mon grand-père dont elle m'avait fait le portrait avec justesse, ajoutant même avoir reçu de ses mains le livre Margaret Mitchell, qu'elle avait conservé précieusement. Jusqu'à la lecture de cette lettre, j'avais douté de cette éphémère rencontre, trop belle pour être vraie... Double confirmation, une carte postale écrite de sa main en août 1946 depuis « La Perrière » me donne la preuve d'un deuxième séjour à Saint-Jean cette même année. Tout convergeait.

Une année après leur retour en Suisse, les parents Zbinden, accompagnés de leurs deux filles aînées, retrouveront Peter, Ingrid et Hans à Saint-Jean-d'Arvey, quelques semaines avant le départ des Heller pour l'Amérique. Peter, à l'occasion de son service militaire effectué en Allemagne, séjournera chez ses « parents adoptifs » ; plus tard, Hans et Ingrid, à l'occasion d'un voyage dans le sud de l'Allemagne, se rendront chez les Zbinden. Des liens « éternels » selon Peter.

Paul Zbinden poursuivra son ministère à Lausanne, à Genève, en Suisse alémanique, en France jusqu'à son dernier souffle. La fin des années 50 ouvrira une parenthèse dans son parcours ministériel. J'apprendrai en effet que mon grand-père entrera en relation épistolaire avec Paul Claudel, puis avec Georges Duhamel pour leur demander conseil, leur soumettant ses poèmes, chérissant la secrète ambition de voir ses œuvres poétiques publiées. Un rêve resté sans lendemain.

Je me décidai, malgré tout, à investiguer davantage sur ce chapitre. À ma plus grande surprise, je mis la main sur une lettre du 1er septembre 1957, signée de la main de Duhamel et adressée à « Monsieur le Pasteur ». L'académicien y décrit sa relecture du livre de l'Apocalypse, donnant rendez-vous à Paul Zbinden lors d'un prochain passage à Paris. Aurais-je pu imaginer un seul instant que cet épisode anecdotique viendrait apporter sa contribution à mes recherches ?

À mon plus grand étonnement, je découvris que Georges Duhamel partageait en effet le même regard sur la menace antisémite, le même positionnement courageux :
« Il s'agit, pour les dirigeants du troisième Reich, d'isoler les Juifs, de les exproprier, de les affamer, de les contraindre, au désespoir, et au suicide. La hideuse croisade antisémite entreprise par le troisième Reich ne peut engendrer aucun bénéfice réel, mais seulement obtenir un loyer de réprobation, de honte et de haine inexpiable. Je m'étonne que d'habiles politiques persévèrent dans ce dessein avec tant de maladresse, tant d'impudeur et tant de férocité. »[39]

Lorsqu'il conviendra de lui trouver un successeur à l'Académie des sciences sociales et politiques, c'est le grand rabbin Jacob Kaplan qui sera élu, premier dignitaire juif à rejoindre l'Institut de France... Hasard et coïncidence.

Paul Claudel, de son côté, n'est pas en reste : un extrait de sa correspondance laisse entrevoir laisse entrevoir les aspirations qu'il partage avec mon grand-père :
« D'autre part, l'étude continuelle que je fais de la Bible m'a pénétré de l'importance prédominante d'Israël au point de vue de D.ieu et de l'humanité. C'est Israël, avec un courage héroïque et une audace intellectuelle qui serait inexplicable sans une

vocation d'en haut qui a toujours maintenu contre la puissance de Rome, contre les déductions de la Grèce, l'idée d'un D.ieu personnel et transcendant supérieur à toutes les superstitions du paganisme. Et c'est précisément le paganisme renaissant sous la forme la plus basse et la plus hideuse qui vient, une fois de plus, se heurter à cette pierre inébranlable. »[40]

À la fin des années 70, Paul Zbinden se rendra enfin sur la terre de ce peuple qu'il avait honoré, chéri et défendu. Une photo le représente assis au bord du Jourdain. Il y rencontrera son ami de longue date, le pasteur Claude Duvernoy, l'un des rares à avoir entendu le récit détaillé des actions du pasteur suisse pendant la Shoah. Profondément interpellé par ce récit, Claude Duvernoy n'hésitera pas une seconde et proposera de prendre contact avec le maire de Jérusalem de l'époque, Teddy Kollek qu'il connaît bien pour entreprendre une démarche d'attribution du titre de « Juste parmi les Nations » en faveur de mon grand-père. Un témoin de la discussion me résuma la réaction plutôt vive de Paul Zbinden : « Il est hors de question que je reçoive le moindre titre ou honneur, j'ai fait ce que je devais faire, rien de plus ! »

11 novembre 1988, mois de sa naissance, et deuxième jour du mois de Kislev, mois de l'alliance et de l'espoir dans la pensée juive, Paul Zbinden rentre à la Maison.

Il laisse derrière lui une trace ineffaçable dans la vie de Hans, Ingrid et de Pierrot, dans le cœur de Marion Arnstein Van Eck, des enfants inconnus et sauvés, des jeunes paroissiens de Desaignes et de Saint-Jean, de ses amis cévenols, de nombreux fidèles encouragés et enrichis par ses études bibliques, et enfin dans la vie d'un petit-fils, mû inconsciemment par la même alliance.

Quatorze années d'enquête m'auront permis, parmi les zones d'ombre et de secrets, d'appréhender un héritage, mon héritage.

VI

Tol'dot

« Tol'dot : Chaque génération doit poursuivre la marche de ses devanciers vers le terme de l'histoire et le but que le Créateur a assigné à l'aventure humaine. Ainsi, l'individu n'est pas seul, il est intégré dans une humanité qui l'a précédé, de même que dans un temps qui se déroule vers un but. »[41]

En hébreu, *Tol'dot* signifie « engendrement », « histoire » « lignée » et également « générations » dans un sens plus général, c'est-à-dire ce qu'une personne génère et ce à quoi elle donne naissance.

Septembre 2016. Je traverse une zone de calme plat. Depuis ma rencontre avec Marion, pistes, témoignages, preuves et autre matériau digne d'intérêt s'étaient succédé dans mon dossier. J'avais défriché, débusqué, creusé. Mais aujourd'hui, les voiles peinent à se bomber. Le souffle qui m'anime n'a pas fléchi, mais je ressens en cette fin d'été une forme d'immobilité frustrante. Mon enquête piétine, je piaffe d'impatience. J'aimerais que le vent se lève et me pousse dans une direction précise. Mais d'où pourrait-il bien venir ?

Si les tempêtes destructrices portent malencontreusement des prénoms féminins, c'est un vent libérateur et encourageant, savant mélange de sirocco marocain et de sharaf israélien, du nom de Rebecca, qui gonflera enfin ma voilure. Cette rencontre contribuera à l'ouverture du dernier volet de ma quête, particulièrement exaltant, celui du prolongement et de la transmission générationnelle.

« Ignorer les événements qui se sont passés avant votre naissance, c'est rester toujours enfant », disait Cicéron. Prendre conscience de mes racines familiales, rassembler les pièces du puzzle de vie des Heller et Arnstein, entreprendre ce marathon de la mémoire m'avait procuré un sentiment d'origine et d'appartenance. Le temps était venu pour moi d'entrer dans la phase suivante, conséquence logique de mon enquête.

Une réflexion d'Armand Abécassis vint renforcer cette conviction : « Il est urgent de transmettre les fondements de notre identité. Le problème de notre civilisation est qu'elle ne sait plus ni transmettre ni quoi transmettre [...] Le passeur est celui qui sait qu'il est second, et non premier, et qu'il a reçu une mémoire énorme. Il sait également qu'il n'est pas le dernier et qu'il doit transmettre. »[42]

Entrer dans cette vocation nécessitait un sésame, une clé : elle s'appelait Rebecca, elle m'attendait, je l'ignorais encore. Un prénom véhicule-t-il un héritage ? Comme un écho moderne d'une scène vécue par sa lointaine homonyme, nous allions vivre une rencontre d'apparence fortuite mais en réalité préparée de longue date. Pour la matriarche biblique, tout se joua au bord d'un puits ; pour nous, ce fut une étendue d'eau du nom de « mikve ». En réfléchissant aujourd'hui au sens de ce rendez-vous, j'en découvre toute la dimension symbolique dans l'étymologie du mot *mikve* : sa racine primitive, d'origine araméenne, signifie « lier ensemble » (parfois par torsion), « rassembler » ; de manière figurée : « attendre », « espérer ». Toute notre histoire d'amitié et d'alliance s'y révélait.

J'avais adressé, au début du mois de novembre, un courriel à plusieurs établissements israéliens, francophones et anglophones, dans le but de développer une correspondance entre mes élèves et une classe de ce pays. Soucieux de bâtir des ponts de dialogue pour surmonter idées reçues et préjugés, il me tenait à cœur de mettre en lien des jeunes du même âge. Une seule école me répondit, par la voix de Rebecca Gouri, responsable des classes de FLE du Collège Lycée Franco-Israélien situé sur le campus de Mikve Israël, dans la banlieue de Tel-Aviv. Très vite, nous avions sympathisé et mis sur pied des séquences pédagogiques et conversations sur le web pour des élèves plutôt enthousiastes.

Six années plus tôt, la question prononcée par mes tantes m'avait projeté dans une constellation de destinées familiales pour y écrire ce roman des origines.

Une question posée par ma collègue israélienne déclencherait une nouvelle phase d'un voyage dont je ne pouvais encore présager l'inestimable portée.

— Monsieur Zbinden ? Permettez-moi cette question. Vous n'êtes pas juif ? Alors, d'où peut bien provenir votre intérêt pour Israël, et ce désir de tisser des liens avec notre culture ? J'avoue ne pas comprendre. C'est assez inhabituel. Un Suisse, qui plus est.

Sans le savoir, Rebecca me confrontait à une énigme. Pourquoi ? Pourquoi ces années de recherches ? Pourquoi ce besoin de placer mes pas dans ceux de Peter, Hans ou Marion ? Pourquoi mon refus de mettre un terme à mon enquête ? Pourquoi cette soif du détail, cette envie d'entrer dans leur vie sans en forcer la porte ? Pourquoi cette difficulté de me détacher d'eux ? Pourquoi cette forme de migration dans l'existence des Heller et des Arnstein ?

Sans prévenir, je m'entends répondre :

— Mon grand-père y est peut-être pour quelque chose. Il a sauvé des Juifs pendant la guerre, et cela me travaille.

Silence. Puis, un « lâcher d'eau ». Mes quelques mots viennent d'ouvrir les vannes d'une cascade tourbillonnante au débit et à la puissance inattendue. Et c'est moi qu'elle entraîne !

— Votre grand-père a aidé des Juifs ?! Mais c'est un héros pour nous !

Retour de pudeur. Il convient de relativiser, me souffle la discrétion suisse.

— Un héros ? C'était un homme comme un autre. Il a simplement choisi de faire ce qu'il devait.
— Vous ne saisissez pas ! Un homme qui a risqué sa vie pour des Juifs, même pour un seul, est un Juste. Nous devons lui rendre honneur et parler de ce qu'il a fait. J'ai une idée. Nous allons monter une exposition sur lui.

Une exposition ? Un héros ? En l'espace d'une réplique, nous venions de franchir une étape que n'aurait vraisemblablement pas appréciée le principal intéressé.

Je sens l'eau monter, le courant m'emporter. Je crois perdre pied. En réalité, cette secousse imprévue prépare une accélération majeure et déterminante pour mon enquête.

— Je vais en parler immédiatement à mes élèves. Faites-moi parvenir dès que possible des documents, des photos, des renseignements, enfin, tout ce dont vous disposez.

Pendant plusieurs semaines, jours complets et nuits partielles, je reprendrai mes investigations, revenant à mes sources, fouillant et questionnant, m'engageant sur des terrains jusque-là ignorés. Cet ordre de mission était l'impulsion dont j'avais tant besoin. Il me fallait nourrir les attentes de mon interlocutrice et de ses élèves, leur fournir une matière utile et exploitable. La recomposition des parcours de ces trois familles, réunies par le destin, n'était ni un hasard, ni un cycle fermé sur lui-même : elle ne trouvait son sens que dans le partage et la transmission.

Il appartenait à ces graines d'alliance, de courage et de foi de tomber en des terres prêtes à les recevoir.

L'hiver s'achève. La classe de Rebecca bénéficie désormais des conseils et du regard expérimenté de Norman Benarrosh, un photographe professionnel, fortement impliqué dans cette entreprise collective. Je comprends que le dispositif pensé et réalisé par les élèves du lycée s'articulera autour de l'histoire de la famille Zbinden à Saint-Jean-du-Gard et de sa rencontre avec les Heller. Les enseignants qui encadrent le projet élargiront progressivement la thématique pour y inclure le Chambon-sur-Lignon, la question du protestantisme engagé, le rôle historique des Cévennes, pour aboutir au dernier chapitre traitant des « Justes parmi les Nations ». À cette occasion, je me rappelle avoir obtenu la confirmation des liens amicaux unissant le pasteur Trocmé et mon grand-père.

L'enthousiasme communicatif, la passion et l'énergie d'une professeure qui ne recule devant aucun obstacle et déplace les montagnes, portèrent leurs fruits en quatre mois seulement : l'inauguration de l'exposition intitulée « Paul Zbinden, un Juste pas encore reconnu » fut planifiée pour la fin du mois d'avril pour qu'elle vienne s'insérer, selon le choix de Rebecca, dans la semaine de Yom HaShoah, le jour de commémoration nationale de la Shoah et du souvenir des déportés en Israël.

Je me devais d'être présent.

Lors de notre ultime entretien téléphonique, ma dynamique camarade profite de notre briefing hebdomadaire pour me faire part de ses dernières initiatives :

— Comme ton grand-père était de nationalité suisse, j'ai pris contact avec l'Ambassade de Suisse en Israël qui nous a assuré de la présence de l'Ambassadeur qui prononcera une allocution lors de l'inauguration. Il nous convie à un dîner à sa résidence pour faire connaissance et découvrir cette histoire.

Moi interloqué. Elle infatigable.

— D'ailleurs, comme le récit s'est déroulé en France, j'ai pris contact avec l'Ambassade de France. L'Ambassadeur nous a confirmé sa présence.

Moi dépassé. Elle emportée.

— J'oubliais. Dora Weinberger, membre du comité Yad Vashem[43] et de l'association Aloumim, sera des nôtres. Il se pourrait aussi qu'une télévision réalise un petit sujet sur l'événement.

Quelques jours après cet échange, je proposerai à mon père alors âgé de 83 ans de m'accompagner. Je verrai ses yeux soudainement embués de rares et pudiques larmes. Puis comme un aveu, une libération, un secret. « Toute ma vie, j'ai rêvé de visiter la terre d'Israël, la terre biblique, et m'étais résigné à ne jamais pouvoir accomplir ce rêve. »

Le projet pédagogique transfiguré en voyage initiatique. J'avais ouvert le chemin des confidentialités, et fait surgir des pans de vie qu'il avait ignorés ; j'avais défriché des sentiers obstrués par la pudeur et une feinte indifférence ; les traces retrouvées et mises en lumière s'offraient à lui comme un appel. Entrer dans la re-connaissance et l'héritage d'un père. Vivre, mais osera-t-il me l'avouer un jour, l'expérience de sa vie : celle de venir à la rencontre de ses compagnons de route, apôtres, rois, prophètes, disciples, et Messie ; celle d'un fils et d'un père, séparés par la guerre, et réunis sur une terre promise ; celle d'un homme au regard d'enfant, transfiguré par une terre ; celle d'un père ébloui par le jeu flottant du bleu azur sur le blanc d'une synagogue séculaire ; celle d'un homme méditant sur les rivages de Galilée, touchant la pierre de Jérusalem, et pleurant au Jardin du Tombeau. Un homme ramené à lui-même par l'enquête de son fils.

Marc-Henri engendra Paul. Paul engendra Paul-François. Paul-François engendra Luc. Tol'dot.

La veille du vernissage, je le vois assis comme un écolier à sa table d'hôtel. Il écrivait. Sa main traçait un titre : « *Paul Zbinden, par son fils François* ». Un portrait, une ode à celui qui n'est plus. Quatre mille kilomètres les séparent. Vingt-neuf ans après son départ, le petit garçon se livrera en public le jour de l'inauguration. Je l'entends encore.

« Quand mon père est venu me voir seul en 1942, et m'a apporté des livres, je ne l'ai pas tout de suite reconnu, tant il avait vieilli et totalement blanchi… Il jouait avec nous aux billes, aux échecs… Nous passions du temps ensemble au jardin, à bêcher, à piocher, à creuser. » À l'issue de son discours, je le regarde sortir de sa poche une petite cassette audio. Puis ces mots, « Je tenais à vous faire entendre sa voix, si particulière. » Il se tait, l'écoute, il nous oublie. Son père revient, le temps d'un poème. Éphémère et mouvante résurrection.

À l'entrée de l'exposition, un écran s'allume. Marion. Sa voix. Sa présence. Comme un sceau. Une déclaration enregistrée quelques semaines dans le salon de son fils, Nicolas. Paisible et concentrée, elle lit une lettre, sa vie, son legs :

> *Je soussignée Marion Van Eck née Arnstein le 28 mars 1928 à Nuremberg (Allemagne) et résidant en octobre 1940 à Quimper (Finistère), puis déportée par le convoi n° 71 de Drancy vers Auschwitz le 13 avril 1944, certifie les faits suivants : j'ai reçu le témoignage direct de Hans et Ingrid Heller, mon oncle et ma tante, au sujet de l'action salvatrice de M. Paul Zbinden à leur égard, lors de leur séjour à Saint-Jean-du-Gard. Cousine germaine de Peter Heller, dit Pierrot, j'ai également recueilli de la bouche de ce dernier les informations suivantes, sur les mêmes faits :*
> *Le pasteur Zbinden a protégé la famille Heller, Hans, son épouse Ingrid et leur fils Peter, alors qu'elle se trouvait réfugiée à Saint-Jean-du-Gard. Paul Zbinden, soucieux de leur situation et de leur survie dans cette période dangereuse et menaçante de l'Occupation, leur a permis de trouver un logement isolé, afin de*

les soustraire aux recherches. En dépit des risques, Paul Zbinden a accueilli cette famille juive, considérant leur fils comme le sien. Malgré les grands dangers qu'il encourait, il a aidé cette famille au moment où elle en avait le plus besoin, sans jamais avoir voulu chercher ni récompense ni compensation matérielle en contrepartie de l'aide qu'il leur a fournie. Ses motivations étaient profondément ancrées dans sa foi chrétienne : l'amour, le soutien et l'aide à témoigner au peuple juif étaient indissociables de sa vie. S'ajoutaient à cela sa compassion, son refus de l'injustice et son active bonté [...]

Puis un post-scriptum :

Jamais je ne pourrai assez remercier, en y pensant encore aujourd'hui après tant d'années, le pasteur Paul Zbinden et les siens, d'avoir protégé et sauvé mon oncle, ma tante et mon cousin, ces derniers membres qui restaient de ma famille. Avec toute ma gratitude. Marion Van Eck.

Marion. Ouverture et ligne mélodique de ce parcours, accueille et conduit le visiteur.

Des traverses en bois soutiennent les panneaux explicatifs et les photographies. « Je voulais rappeler les parois des wagons, les châlits des baraques », m'avait confié Rebecca. Symboliquement, le destin de la famille Arnstein soutient toute l'histoire de ma famille : mon enquête ne trouve sa raison d'être que dans l'hommage et l'honneur qu'elle rend aux victimes de la barbarie. Elle n'a pas le droit de sublimer le présent si celui-ci n'est pas enraciné, fixé, accroché et porté par ceux qui nous ont précédés. Ressusciter, rappeler, ramener les corps des cendres ; dire les noms et non les matricules ; suivre de ses doigts les traits de visages et de chevelure inaltérés. Marion, Hermann, Emilie, Hedi, Irma, armature et nervures de mon existence.

Sous la conduite experte de jeunes lycéens, nous remontons le temps. Sur les panneaux, l'enfance retrouvée de mon père, que je vois dialoguer en silence avec ses frères et ses sœurs, plongeant son regard dans celui de sa jeune mère. Des pans entiers des multiples vies de son père, jusque-là ignorées, se dévoilent. Vertige émotionnel et troublant du spectateur acteur, du sujet objet qui lit et se lit, et qui, simultanément, découvre et se découvre.

Dernière station de ce périple, une alcôve évoque le bureau d'Albert Einstein, maillon incontournable de ma saga : un tableau noir recouvert de signes, traces d'équations, une table de chêne parsemée de feuilles éparpillées portant noms et notations, une machine à écrire, une mappemonde, un bronze Art déco représentant une femme veillant sur son enfant.

Tol'dot. Transmission. Semence. Matrice.

J'assistais à la mue de mon histoire. Se greffant insensiblement sur l'âme et le cœur de celui qui l'accueillait, elle venait les féconder : faculté germinative de mon récit, éveillant la mémoire, libérant le besoin de se raconter. Norman, concepteur artistique de l'exposition, sera l'un des premiers fruits de cet engendrement. Au moment d'aménager l'espace dévolu au savant, il avait choisi délibérément cette sculpture de bronze. Au-delà de son aspect purement décoratif, elle revêtait à ses yeux une symbolique touchant à ses propres souvenirs, porteuse de secrets familiaux longtemps refoulés mais aujourd'hui enfin exprimés : la statue appartenait à son grand-père qu'il n'avait pas connu. Médecin à Fontainebleau pendant la guerre, il s'était donné la mort au moment où la Gestapo était venue l'arrêter à son domicile.

Ainsi, l'enquête menée sur l'entrelacement des trois familles Heller, Arnstein et Zbinden cachait en effet une force émotionnelle, et révélait une puissance d'aimantation et d'adhésion que je n'aurais pu soupçonner. La transformation qu'elle avait opérée en moi ne relevait plus d'une expérience unique et individuelle ; elle venait rejoindre, bouleverser, interpeller l'autre. Chaque fois qu'il m'était donné l'occasion de le partager, le témoignage de ma traque passionnée, inachevée, donnait naissance à une expérience collective et individuelle, immersive et expressive, dont je voyais les signes poindre aux coins des yeux, ou sur les bouts de lèvres tremblantes du public. Je lisais sur eux, en eux la résonance de mon récit, comme une alchimie mystérieuse qui ne m'appartenait plus.

Quelques mois après l'exposition, je reçois une photo des élèves et des enseignants de Mikve Israël, posant fièrement devant Yad Vashem. Le prix Aloumim, récompensant un travail de recherche et de mémoire sur les enfants cachés et sur les Justes de France, venait de leur être remis. Les deux termes hébraïques « *bonim* » (les bâtisseurs) et « *banim* » (les fils) partagent une similitude sonore et une racine commune. La classe de Rebecca était entrée dans cette double vocation : s'édifier et construire son prochain, en réponse active à un héritage accueilli et vécu. *L'dor v'dor*, de génération en génération, une expression biblique qui résume l'essence et le fondement de la culture juive : le relais intergénérationnel comme contrat symbolique, garant de survie. « Et tu le raconteras à ton fils, et au fils de ton fils », dit le Deutéronome.

Il y eut Rebecca, Norman. Il y aura Nicolas.

À mon retour d'Israël, j'ouvre les portes de mon lycée à une projection-débat dont je ne connais aucun intervenant. Les organisateurs recherchent un espace permettant d'accueillir un projet intitulé « Réflexion sur la transmission de la Shoah ». Grand témoin de cet événement, un certain Nicolas Ribowski qui vient présenter deux de ses films *Le survivant matricule 157279* et *Les Justes*. Assis parmi les spectateurs, je le vois entrer, élégance british savamment décontractée. Il porte sur lui, en lui, les seigneurs du cinéma français : la voix d'un Marielle, l'autorité d'un Noiret, la séduction d'un Rochefort, l'humour d'un Tati. Coup de théâtre, ou rendez-vous prévu par le metteur en scène qui rédigeait le script de ma vie, je connaîtrai ce soir-là un des tournants déterminants de mon itinéraire.

Le rideau s'ouvre sur une étoile jaune, plein écran, portée par la voix off du réalisateur : « En ce temps-là, la haine décidait si vous aviez le droit de vivre... » Cinquante-deux minutes. Une tragédie universelle condensée avec intensité. Jacques Zylbermine, le survivant, retrace son histoire de jeune adolescent déporté. Je n'ai pas encore visité Auschwitz, mais je m'y tiens avec lui. Sa frêle silhouette, au pied d'un wagon, se retourne vers les portes coulissantes. Il les voit s'ouvrir, nous fait entendre les cris, le ballast piétiné par les chaussures, la peur. L'art et le regard de Nicolas Ribowski nous installent dans un face-à-face intimiste avec ce témoin humble, mais investi d'une mission de mémoire. Pudique, le réalisateur laisse les visages et les mots de ses interlocuteurs dessiner la carte des souvenirs. Raconter, déposer l'indicible au cœur du spectateur, graver pour perpétuer, signifier pour mandater.

Exhortation et aiguillon, les deux volets de cette soirée m'offrent un miroir de ma propre enquête et la relancent. J'écoute parler *Les Justes*, dans la simplicité d'une cuisine ou d'un salon, et me surprends à y entendre la voix de mon grand-père. Héros de l'ombre, fuyant la lumière. Dans l'obscurité, leurs larmes sont les miennes. Après la projection, je me souviens avoir pris mon courage à deux mains pour m'approcher du maître cinéaste. Pourquoi avais-je décidé d'emporter ce soir-là mon dossier, ces quelques pages maladroitement rédigées, évoquant mon grand-père, Peter, Einstein, Marion, ces esquisses de mes découvertes.

Nicolas Ribowski se tourne vers moi, parcourt d'un œil attentif les pages, tout en prêtant son oreille bienveillante à mon discours ému et désordonné. « Cette histoire est passionnante. C'est un sujet de film... Il faut nous revoir. »

Un sceau, une soudure. Naissance d'une amitié et d'un mentorat.

Deux ans plus tard, invité à présenter une conférence sur « Paul Zbinden, un parcours courageux et discret au service des Juifs persécutés », je retournerai à Saint-Jean-du-Gard en famille. Nicolas Ribowski décide de nous y rejoindre pour tourner des rushes.

Trois jours de tournage hors du temps. Trois frères, nés à Saint-Jean et ayant bien connu mes oncles et tantes, nous guideront. Trois jours à suivre Hans, Ingrid et Peter dans les ruelles de Saint-Jean. Trois jours à traquer leur dernier domicile connu. Trois jours pour tenter de recueillir des témoignages des derniers catéchumènes du pasteur suisse. Trois jours pour percer le silence des volets clos.

Avec Nicolas, nous monterons jusqu'au portail de Grand'Vigne. Ensemble nous chercherons sur les vergers en terrasse la maisonnette où Ingrid et son fils avaient trouvé refuge. Désireux d'interroger mes enfants, le réalisateur leur donne rendez-vous au bord du Gardon de Saint-Jean ; l'eau de la rivière offre une bande-son naturelle, le chant du temps qui passe, indifférent. La mélodie qu'écoutait déjà le petit garçon, gravant et marquant l'eau par d'éphémères ricochets. Au pied du vieux pont, là où Pierrot avait miraculeusement échappé aux balles des soldats allemands, mes trois filles et mon fils se regardent. Lisa se fera porte-parole de la fratrie. Spontanés et sincères, ses mots scellent un héritage et attestent leur filiation :

« Revenir ici en prenant conscience de ce qui s'était passé, en savoir un peu plus sur l'histoire de notre arrière-grand-père, c'est tellement enrichissant ; cela nous permet de vivre ces lieux en réalisant qu'il y a ici une part d'héritage, revisiter une région où des vies ont été sauvées, où des Juifs ont été protégés, où des rencontres marquant et orientant des existences se sont déroulées, nous donne l'envie de creuser un peu plus, pour découvrir ce qui fait partie intégrante de notre histoire. Tout ce que nous avons pu apprendre sur cet arrière-grand-père nous apporte une pièce jusque-là manquante dans notre vie. Nous pouvons maintenant la prendre pour nous, avec nous. Cette histoire nous transmet un certain sens des responsabilités, ce sentiment que nous devons nous aussi suivre cet exemple, que nous pouvons lui faire honneur en tant que descendants, petits-enfants, arrière-petits-enfants : suivre ses traces, et faire dans notre vie ce qu'il a fait dans la sienne, nous positionner et faire la différence là où nous sommes. »

Le flambeau ne s'imposait pas, il ne brûlait pas les doigts, il se laissait saisir. Une transmission spirituelle, légère comme l'air, imperceptible, mais si dense. On ne l'arrachait pas, ni la revendiquait, elle était, s'offrait. Au contact d'une âme, même jeune, qui s'y attachait et répondait à son appel, elle promettait une ligne d'horizon, une direction.

Sur place, je poursuivais ma route, celle des questions et des vides à combler.

Qui était Monsieur Alix ? ou peut-être Alisse ? Ce berger qui avait, grâce à mon grand-père, abrité Ingrid et son fils ? Combien de fois ai-je espéré trouver sa bergerie, cette jasse isolée sur les crêtes ? Puis, enfin, un matin, ce témoignage, maigre consolation, mais confirmation. Alors que je marchais sur la route menant à La Perrière, j'y croise un homme. Nous parlons des années d'Occupation, de l'arrivée des soldats allemands, des menaces et des peurs ; je voulais savoir, tout ; je glisse l'histoire du berger mystérieux et de ses protégés.

« Les Allemands ? Je les ai entendus un jour, une patrouille qui montait le chemin ; avec mon frère, on s'est caché dans un trou. Monsieur Alisse ? Le berger ? Oui, son mas était sur la cime du Brion ; de là on pouvait voir n'importe qui arriver... Des Juifs, on en cachait dans la région. Mes parents en cachaient deux : quand les Allemands s'approchaient de la ferme, les chiens aboyaient ; alors, on cachait les enfants dans les grands tas de déchets de châtaignes. »

Le récit de Peter se voyait encore confirmé.

Trois jours et un miracle, une apparition surgie du passé. J'avais fouillé parmi les photos éparpillées dans la caissette, ma complice et mon recours, et y avais aperçu une minuscule photographie. Au verso, une main inconnue y avait noté « Brion ». Brion. Le refuge de mon grand-père. L'oasis de Peter, lieu de son apprentissage de jardinier en herbe. J'étais déterminé à retrouver ce témoin de pierre.

« Chaque pierre a une voix », Margaret Fuller avait saisi le langage secret et éternel de la matière, où s'étaient gravées les voix et les ombres. S'il existait encore, le mazet m'attendait. J'avais par le passé tenté de localiser ce lieu-dit sans succès, je m'étais perdu sur des chemins et sentiers du vallon.

À tout hasard, je montre la miniature à Michel, l'un des frères dont les parents avaient bien connu mes oncles et tantes. Sans la moindre hésitation, il s'écrie : « C'est le mazet de Brion, il est toujours debout. Je peux t'y amener demain. »

Une nuit, trop longue. Au matin, en bordure d'une route sinueuse, trois silhouettes nous attendent. Les trois frères. En contrebas, dissimulée par la chênaie, enveloppée par le manteau boisé, l'on distingue une toiture. Il faut descendre au fond du vallon, dans un jeu de clair-obscur silencieux. Chaque pas nous rapproche de Peter. On perçoit des cris d'enfant, le chant du ruisseau commence à se faire entendre, puis une voix paternelle. Bruits de pas et des courses d'enfants sur le tapis de feuilles, sifflement d'une faux. Est-ce une hache qui fend du bois ? Devant nous, le mazet. Vide. Les volets fermés. Je regarde encore une fois la photographie et compte les fenêtres, c'est bien ici que Peter a joué et vécu. Je touche la façade de la maison, y suis la courbe rugueuse des pierres. Une poignée de porte, un bassin, un banc. Le tracé d'un potager émerge du terrain. C'est donc là, sous mes pas, que Paul Zbinden et Peter ont jardiné, échangé sur les anges et les légumes.

Je n'oublierai jamais cette rencontre d'absences.

Je sors de ma poche l'image, et découvre un détail caché dans l'embrasure noire d'une des fenêtres. Au moment de la prise, une silhouette féminine, frêle, floue et lointaine, fait face au photographe. Serait-ce ma grand-mère ? Une émotion incontrôlable m'envahit, le vide et la frustration de les savoir là, de les suivre des yeux, de les avoir perdus et retrouvés. À l'étage, derrière ces murs muets et cette porte de bois verrouillée, Hans et Ingrid ont ri, chanté peut-être.

« Plus fort que la mort, c'est la présence des absents dans la mémoire des vivants et la transmission, à ceux qui ne sont pas encore, du nom, de la gloire, de la puissance et de l'allégresse de ceux qui ne sont plus, mais qui vivent à jamais dans l'esprit et dans le cœur de ceux qui se souviennent. »[44] Jean d'Ormesson l'avait prédit.

Saint-Jean me laissait entrevoir des scènes et entendre des répliques du passé. Il me suffisait de fermer les yeux, ou plutôt de les ouvrir, pour distinguer les silhouettes d'êtres aimés et cherchés. Je refusais l'anéantissement.

Le soir même, je présente ma conférence dans la salle de l'église. Les bancs de bois où mon père, ses frères et sœurs venaient s'aligner, sont occupés ce soir par mes enfants et beaux-enfants. Au premier rang, Yves, dont le cousin avait croisé Marion au bord de l'Elbe. Parmi les participants les plus âgés, de nombreux acteurs des années pastorales de Paul Zbinden, dont certains avaient bénéficié de ses enseignements, participé aux activités en plein air, côtoyé mes oncles et tantes, et rencontré Pierrot, « le fils des musiciens ».

Je parlerai depuis la chaire où se tenait mon grand-père. Le plancher puis les marches de bois ont chanté, les unes après les autres, alors que je les effleurais du bout de mes pieds, petite musique de vieillesse. Je pose mes mains là où mon grand-père devait poser les siennes, mon corps et mes bras délicatement appuyés sur ce point de jonction font naître de légers craquements, le bois travaille encore, ma mémoire aussi. J'éprouve un sentiment étrange, privilégié et respectueux, de pouvoir toucher dans mes mains un instrument ayant appartenu à un virtuose. Mon récit suit humblement une partition de mémoire qui rejoint et étreint les cœurs. À l'issue de ma conférence, ces témoins me confieront avec reconnaissance leurs souvenirs, me présenteront des photographies de mon grand-père, ainsi que des certificats et documents signés de sa main.

Restaurer un passé voilé, évité, oublié ; s'y confronter pour y trouver du sens. Je pense au travail d'Amnon Weinstein, ce luthier qui a consacré sa vie à réparer les violons de la Shoah.

« C'est quand l'instrument vibre sous l'archet de l'interprète que la vie résonne de nouveau. Ne dit-on pas que les violons ont "une âme" ? »[45]

En relisant la présentation du documentaire qui lui a été consacré, j'y entends un écho résumant mes années de quête et désormais de partage :

« Amnon Weinstein, luthier israélien, a décidé de consacrer sa vie à retrouver ces violons rescapés. Un à un. Pour les soigner, leur redonner la capacité de jouer et devenir les témoins vibrants de tous ceux qui ne peuvent plus raconter l'indicible. Avec une infinie douceur, cet artisan dont presque toute la famille a péri dans les camps de concentration prend soin de ces violons devenus de véritables capsules de mémoire. »[46]

Ramener, par devoir de mémoire, des instruments à la vie, laisser entendre la musique des disparus, pour vaincre le silence et l'oubli, et déposer cet héritage dans l'âme et les positionnements de la jeune génération.

En quittant la salle de l'église, je longerai la rue Pasteur faiblement éclairée par un vieillissant lampadaire. Au pied de la façade, la porte coulissante du garage où *monsieur le pasteur* abritait sa Peugeot grince encore. Nos madeleines de Proust chantent parfois d'une voix mécanique des mélodies un peu rouillées, mais l'on y prête l'oreille religieusement. À quelques mètres de là, devant les fenêtres de la maison du vicaire, le banc de pierre où l'officier nazi mélomane venait voler quelques instants de grâce offerts par le piano. Le lendemain matin, j'y retrouverai, assis au même endroit, un homme élégant, vêtu de lin et coiffé d'un chapeau de paille, plongé dans les notes d'une histoire, celle d'un petit-fils retrouvant et retrouvé. Nicolas. L'homme y voit déjà des scènes, des décors et des images. Enfant de parents déportés, enfant caché à Moissac, il ne peut ni ne veut oublier. Ses films partagent une ligne mélodique commune et inspirante : recueillir la parole, reconstruire la mémoire, redonner vie au passé, même douloureux, pour transmettre et responsabiliser.

L'Histoire n'est pas un éternel recommencement, mais un prolongement.

Il y eut Rebecca, Nicolas ; il y aura Boaz.

Quatre ans après cette parenthèse cévenole, alors que mon enquête continue, j'obtiens un congé sabbatique. Il me permettra d'affiner encore mon enquête sur le terrain, puis de la convertir en un outil pédagogique dont ma conférence-témoignage sera l'élément essentiel. Après une première partie de recherches dans les Cévennes, le second volet de ce projet me conduira en Israël pour y rencontrer des élèves, leur partager ma démarche, les entraîner dans les tours et détours des familles Zbinden, Arnstein et Heller afin de les encourager à se lever comme historiens de leurs propres généalogies et déchiffreurs de leurs racines.

À mon grand dam, nous sommes au cœur de la pandémie covidienne. Les frontières ne s'ouvrent pas. Mais alors que tous les projets de déplacements et de voyages paraissent compromis voire impossibles, plus particulièrement vers Israël repliée sur elle-même et verrouillée, j'assisterai à une succession de « miracles », qui m'ouvriront le passage.

L'axe central de ce voyage passe par l'incontournable lycée Mikve Israël, plus spécifiquement par un de ses doyens, Boaz Monczer et par sa directrice, Ruth Bensmihan, deux patronymes qui me font l'effet d'un clin d'œil : ces deux prénoms sont ceux des deux personnages clés du récit biblique d'où émerge la devise « *Ton peuple sera mon peuple* », blason qui architectura toute la vie de Paul Zbinden avant de venir s'ancrer en moi. Boaz prend en main l'organisation de mes visites d'établissements scolaires, du nord au sud du pays. À tout seigneur, tout honneur, nous commençons ce séjour par le campus de Mikve Israël. J'ignore encore que la feuille de route initiale sera bientôt bouleversée et réaménagée, comme tricotée dans le Ciel, pour le plus grand bénéfice de Marion, Peter, Paul et les autres.

Alors que nous relisons et affinons mon programme, mon collègue israélien m'informe qu'une équipe de radio souhaite me rencontrer pour en savoir plus sur mon enquête. J'apprendrai que le journaliste, Yoav Krakovsky, analyste politique, s'est aussi spécialisé dans les problématiques liées à l'Holocauste. Son agenda est serré, et l'on me prévient qu'il ne pourra m'accorder que quelques minutes, le temps de me poser deux ou trois questions. Mon épouse et moi suscitons une certaine curiosité : comment ce couple suisse a-t-il réussi à franchir l'infranchissable et parvenir à entrer dans ce pays fermé à tout étranger ? Notre statut interpelle. Au fond de moi, d'autres interrogations muettes et déstabilisantes : en quoi mon histoire, en regard des justes reconnus et autres héros, pourrait-elle susciter un quelconque intérêt ? Mon enquête mérite-t-elle qu'on y prête attention ? Je me sens petit. Yoav passera plus d'une heure et demie avec moi, ponctuant son interview de « *very exciting story, really exciting* », plutôt rassurant.

Plus tard, face aux élèves rassemblés pour ma première intervention, les mêmes doutes : comment un citoyen suisse, dont le pays fut épargné par les horreurs de la guerre, peut-il avoir droit de parole et de témoignage sur une période aussi douloureuse ? Je commence mon récit par la projection sur l'écran du petit carnet vert ayant appartenu à mon grand-père, accompagné d'un proverbe philippin : « Celui qui oublie ses racines n'atteint jamais sa destination. »

Au moment de conclure ma présentation, je décide de sortir mon graal de son étui et le prends dans mes mains. En guise d'envoi et de dénouement de ce récit, le carnet vert, clé de lecture et vecteur de mémoire, sort de l'ombre. Il suscite immédiatement curiosité, respect, fascination. Ses pages jaunies condensent l'espace et le temps. D'une puissante banalité, il dit et incarne celui qui fut et qui revient. L'objet inanimé a bien une âme. Point final de ma conférence.

Applaudissements, yeux rendus brillants par l'émotion. Les élèves ne veulent pas quitter la salle. Je ne comprends pas. À ma grande surprise, tous se lèvent et marchent jusqu'à l'estrade. « Monsieur, puis-je vous serrer la main ? J'ai été tellement ému par cette histoire. » Puis une jeune fille, séchant ses larmes : « Monsieur, je ne savais pas que l'on pouvait être non-juif et faire ce que vous nous avez raconté. Je ne pensais pas qu'il puisse exister des gens comme cela. » Une autre s'approche : « Nous avons quitté la France à cause de l'antisémitisme. À Paris, quand nous allions à la synagogue, nous croisions des regards et entendions des paroles qui nous avertissaient en disant “En voilà une qu’Hitler a dû oublier”. » Leni, Aaron, Hillel, Josh, Coral nous ouvrent leurs cœurs. Nous nous sentions greffés sur eux, aujourd’hui nous sommes adoptés.

Nous ne quitterons pas le petit paradis de Mikve Israël, des palmiers et de l’eau, un Elim vert au cœur de l’urbanisme babélien de Tel-Aviv, sans avoir signé le livre d’or de l’école. Cette petite cérémonie m’offrira un des télescopages qui n’ont cessé de jalonner mon aventure : feuilletant les pages, j’y découvre les noms et signatures de Golda Meir, René Cassin, Yitzhak Rabin et tant d’autres. Soudain, la griffe de Claude Duvernoy, cet ami de mon grand-père prêt à entreprendre des démarches de reconnaissance et d’attribution du titre de Juste.

Nous nous retrouvions. Dès les premiers mois de mes recherches, j’avais pu obtenir ses coordonnées à Jérusalem et échanger par téléphone sur ce qu’il savait de mon grand-père et sur leur belle amitié. Claude Duvernoy, figure engagée, appartenait au cercle fermé des passeurs, des bâtisseurs de ponts, auquel mon histoire m’a donné accès. Son livre *Le Prince et le Prophète* raconte d’ailleurs l’amitié inattendue entre Theodor Herzl et le pasteur William Hechler. André Chouraqui, qui en signe la préface, s’exprime en ces termes : « Claude Duvernoy est un témoin : l’histoire qu’il raconte, l’exhumation qu’il fait du passé, est aussi préfiguration de l’avenir. Son livre est celui d’un homme qui a opté pour Jérusalem où il vit face aux Monts de Moab. Son œuvre prouve que, dans l’esprit de Hechler, il est encore des “hommes-frontières” – des bâtisseurs de ponts appliqués – dans la perfection du désir – à rapprocher les lointains, ce qui est dans l’esprit des Rabbis d’Israël, la seule manière réelle de hâter la venue du Royaume et l’heure de la paix. »[47]

Nous avons quitté les jardins de Mikve Israël pour la première étape de notre circuit : l’institut d’éducation spécialisée Shafririm, situé dans le kibboutz Guivat Haïm (la colline de la vie). Là nous attendaient des jeunes en difficulté, délaissés par le système, et en manque de repères. Troubles du comportement et de l'attention, souffrances intimes, blessures secrètes. Nous y rencontrerons Amit, abusé et persécuté par ses pairs, qui avait trouvé refuge et famille dans cette structure. Et puis Alex, à qui l'atelier de sculpture a redonné espoir et goût pour une vie qu'elle avait choisi de quitter. La conférence s'achève. L'intérêt des élèves n'a pas faibli. Ron, un géant, une armoire à glace se dresse. D'une voix tremblante, il nous remercie au nom de tout le groupe. Morag, une jeune fille toute frêle, s'approche pour nous confier son émotion : comment pourrait-elle entreprendre à son tour un travail de recherche sur son passé et ses racines ?

Un rendez-vous bouleversant se prépare. Yael, notre guide du jour, tient à nous faire découvrir le cœur de ce kibboutz : la Maison Terezin. Un lieu de mémoire créé par des survivants du camp de concentration de Terezin, venus habiter dans ce havre de paix dès leur arrivée en Israël. La dédicace signée par les fondateurs semble me réinstaller dans un mandat qui doit leur fait écho :
« Nous espérons que les visiteurs qui viendront honorer leur mémoire, ressentiront ici un peu de l'ambiance du ghetto, qu'ils comprendront mieux ce que c'est que de maintenir un semblant de vie à l'ombre constante de la mort, de sauvegarder les notions de justice et d'intégrité, de relations humaines et d'entraide. Notre souhait sincère est de transmettre aux générations futures. »

Transmettre aux générations futures. Tol'dot. Engendrements, enfantements. Un mot refrain et fil rouge de ce périple ; principe de vie mystérieusement activé, donnant sens et raison d'être à mes années de recherches.

Mon regard est attiré par un écran : devant un film de propagande, une troupe d'enfants juifs chantent l'opéra « Brundibar », sous les yeux vides et inquiets de leurs camarades. Tous sont propres, habillés et coiffés avec soin. Demain, ils mourront tous. Les larmes, les miennes cette fois-ci. En sortant du musée, nous traversons la cour du restaurant communautaire. Des petites filles y jouent, y rigolent. Elles vivent.

D'autres lycées nous accueilleront, du nord de la Galilée au cœur du Néguev : chaque auditoire, sans exception, se laissera gagner par une vibration commune, une alliance, d'abord silencieuse puis exprimée en gestes et en paroles dès le dernier mot de ma conférence.

Mon itinéraire semble déclencher une mise en route dans la vie de ces jeunes. Je les revois et les entends. Tomer, « Depuis votre conférence, j'ai décidé de commencer des recherches sur ma famille, plusieurs ont été déportés. » Talia, « Nous ne sommes pas si éloignés, car je fais aussi partie de la famille d'Albert Einstein. Cela me touche beaucoup. » Ido, « Cette histoire est la plus belle leçon de ma vie » ; Oren vient me parler de son arrière-grand-mère, survivante de la Shoah : mon témoignage l'a encouragé à recueillir son témoignage pour qu'il ne se perde pas. Yael, « Je veux en savoir plus sur mes origines, et vais débuter moi aussi mon enquête. Certains membres de ma famille sont morts dans les ghettos, je ne sais rien d'eux. »

Nous reviendrons à Jérusalem pour un tournage avec une équipe de la chaîne Kan 11. Yoav, le journaliste du premier jour, avait pris la décision de transformer notre interview en un reportage plus complet. Son équipe nous attend à Yad Vashem ; elle tient à me filmer dans la salle des archives, en pleine recherche : accompagné de la responsable du service, j'oublie la caméra et me concentre sur le visage d'Irma Arnstein, la sœur de Marion, qui vient d'apparaître sur l'écran. J'entre dans un dialogue muet avec ces visages, où l'on sonde le moindre détail d'une photo, d'un document d'époque pour y déceler une expression, une information.

Nous retrouverons l'équipe de tournage au Mémorial de la Déportation des Juifs de France, près de Beit-Shemesh : devant nous, une longue vague de pierre blanche porte les noms des 80 000 déportés juifs français. Fond de scène, ce mur de noms édifié par l'Association des Fils et Filles des Déportés juifs de France. Tout autour, une forêt de 80 000 arbres plantés chacun pour une vie. L'engendrement et la vie. L'arbre né des cendres. Je m'approche de la liste, mon doigt l'effleure avec respect. Arnstein, Ribowski. Ils sont tous là.

Shlomo Balsam, président de la fondation Aloumim, s'approche. Ses commentaires, son clairvoyant et précieux éclairage enrichiront l'émission. Quel honneur ! Il m'offre son livre, dont le titre me remue et me rejoint. *À la recherche de ces inconnus – les histoires d'une photographie*. Sur la page de couverture, sa tante et ses trois enfants, posant dans une allée du Jardin du Luxembourg. D'un dossier porté comme un trésor, il sortira une photo jaunie, mais stupéfiante. Sa tante, quelques jours après la scène familiale des Jardins : elle porte une pancarte matricule et nous regarde fixement.

Les dernières séquences du reportage seront tournées dans les salles et sur le campus du Lycée Mikve Israël : j'y retrouverai Rebecca, Norman ainsi que des élèves ayant participé à la réalisation de l'exposition sur mon grand-père quatre ans plus tôt : tous témoigneront de la manière dont l'histoire de Paul Zbinden fut un déclencheur, une semence dans leur vie personnelle.

Le kibboutz Negba nous réservera un moment particulièrement intense : le public est composé de personnes âgées, dont plusieurs rescapés de la Shoah. Ces simples auditeurs deviennent au fur et à mesure de la conférence membres d'une communauté humaine unie par le récit-tissage de ces trois familles. L'émotion se lit sur leurs visages. Un jeune couple nous attend à l'extérieur. Itaï et Annika, elle Allemande, lui Juif d'origine yéménite. Les larmes de la jeune femme témoignent d'un héritage douloureux, ranimé par ce qu'elle vient d'entendre. Mon enquête la touche et l'incite à entreprendre un travail de réconciliation et de restauration.

Un détour par la ville de Nazareth nous conduira dans un collège dont les élèves sont arabophones. Nous évoquerons des figures musulmanes s'étant levées pour aider des Juifs pendant la guerre, Selahattin Ulkumen, ou la famille Veseli en Albanie. La soixantaine d'élèves entre dans mon histoire, prend conscience de l'importance de tendre la main et de « manger un kilo de sel avec son voisin pour le connaître » : ce proverbe arabe illustré de témoignages vécus par mon épouse auprès de familles afghanes, kurdes ou perses, nous permet d'interpeller ce jeune public, confronté quotidiennement à des graffitis et tags sur les murs de la ville prônant la haine et la destruction.

La directrice et le corps enseignant nous partageront leur grande surprise face à la qualité d'écoute manifestée deux heures durant par ces élèves habituellement dissipés. Au moment où nous quittons la salle, une institutrice s'approche de nous et se confie. Par peur de créer un malaise, de susciter la méfiance, l'incompréhension voire l'hostilité, elle s'était toujours refusée à partager son histoire de vie, liée directement à l'Holocauste. Mais aujourd'hui, ma conférence lui donnait des ailes. « C'est enfin l'encouragement qu'il me fallait », nous glisse-t-elle.

Cette histoire ne prenait du sens que si elle venait appeler et engager chaque auditeur à entrer dans sa vocation d'historien découvreur d'héritages solaires et de racines sécurisantes. Quelque temps après ma visite dans un lycée de Maalot, en Haute-Galilée, sa directrice résumera ce passage de flambeau en ces termes :

« "Your People My People" est l'histoire très émouvante et passionnante d'un homme qui a risqué sa vie pour sauver une famille d'artistes juifs pendant la Seconde Guerre mondiale, ainsi que des enfants juifs, le récit des découvertes étonnantes de M. Zbinden sur son grand-père, des témoins et des acteurs de cette saga, parmi lesquels Albert Einstein lui-même. Cette présentation a eu un impact très positif sur les élèves qui se sont montrés très stimulés et intéressés par l'histoire d'une enquête haletante qui a duré douze ans. La conférence a soulevé des questions très pertinentes qui ont trouvé un écho chez les étudiants, telles que l'antisémitisme, le courage, l'intégrité, la persévérance, l'injustice et la solidarité. « Ton peuple, mon peuple » est un moyen d'encourager les jeunes (et les adultes) à devenir historiens de leur propre famille, en mettant l'accent sur l'importance de la mémoire et de la transmission. »

Après Israël, ce sont des établissements scolaires parisiens qui nous ouvriront leurs portes. Et toujours cette résonance dans les regards des élèves, leur curiosité face à ma persévérance atypique, et leur aspiration à se lever pour honorer leur héritage.

Figure centrale, toujours posé devant moi, le dernier témoin : le carnet vert, relais et passerelle avec le temps, porteur de permanence et de résistance, conservateur de la vie ordinaire et quotidienne d'un être cher.

C'est le travail du médecin Michel Borzykowski et du sociologue Ilan Lew sur les objets transmissionnels qui m'offrira une chambre de résonance et d'expérience pédagogique pour mes élèves suisses : j'allais les engager, les mettre sur la piste d'un objet familial, relais générationnel, dont ils ne connaissaient pas encore l'histoire, ni la valeur affective. Cherchez et vous trouverez ! Une photo, une lettre, une recette, un meuble, un bijou, un outil ? Anodin ou clinquant, il s'agirait de le faire parler, de donner le jour aux secrets enfouis, d'offrir une voix et de l'encre au non-dit.

Mes classes ont relevé le défi et m'ont fait voyager dans leurs cultures et leurs familles, des Balkans à l'Empire ottoman, d'un haut-plateau éthiopien à un village sri-lankais, des Alpes au souk d'Alexandrie, du ghetto de Varsovie aux plages de Normandie. Un fusil suisse, un gobelet arménien, un tapis égyptien, un faux passeport polonais, une médaille australienne, un clou rouillé d'un fer à cheval serbe. Des textes vrais, saisissants, déclamés avec fierté et émotion devant les membres de leur famille réunis pour une soirée de présentation et de partage. Chaque élève avait osé franchir les seuils des secrets, investir les champs de sa mémoire pour entrer dans son héritage. Identifiant un filon, une veine de vie, tous avaient su en extraire le précieux minerai. En écho au proverbe africain bien connu, « Si tu ne sais pas où tu vas, souviens-toi d'où tu viens », le souvenir donnait un sens à leur existence et contribuait à leur construction identitaire, souvent mise à mal pendant l'adolescence.

Tol'dot.

J'avais vu ces jeunes remonter le cours de leur généalogie, mettre en lumière des témoignages de vie, sauver de l'oubli un patrimoine émouvant et vertueux dont ils s'emparaient. Tous m'avaient confié vouloir protéger et prendre soin de ces histoires, afin de les déposer dans la vie de leurs futurs enfants.
Tol'dot.

Il y a quelques mois, je suis retourné à Auschwitz. J'y avais rendez-vous avec Marion, Irma, Hedwige, Emilie et Hermann pour clore un cycle, peut-être. Habité par l'histoire de cette famille qui ne m'appartenait pas, mais que je portais dans mes entrailles, au plus profond de moi, je me devais d'arpenter Birkenau. Chaque pas m'était lourd.

J'étais ce jour-là presque seul dans Birkenau. Le silence des disparus n'en était que plus parlant. Les baraques grises et glaciales, où Marion, sa mère et ses sœurs, nues et humiliées, subissaient les douches, la désinfection, les rasages et l'abolition de leur humanité. La piste caillouteuse empruntée par le camion conduisant Hermann vers la chambre à gaz. Les fossés. Les portails grillagés et électrifiés laissant passer le commando somnambule.

Le ciel a commencé à pleurer lorsqu'à la fin de ces huit heures éprouvantes, j'ai rejoint la *Judenrampe* pour me tenir à l'endroit où Marion avait posé le pied sur un sol maudit qui la marquerait à jamais. Au pied de ce wagon, dans les cris et les hurlements, elle a pu apercevoir le visage de ce père, un voile d'angoisse sur ses traits si doux. Pas un geste ni une parole. Je l'ai regardé s'éloigner, impuissant. J'aurais voulu saisir la main de Marion, protéger de mes bras Irma. Tout était accompli. En prenant le chemin qui menait vers l'entrée du camp, comme elle, j'ai vu apparaître la bouche des enfers, la porte du néant, au loin.

Soudain, au bord de ce sentier, surgit un lion. Hallucination ? Non, une sculpture de bronze dans la cour d'une maison. Je m'en approche. Le lion lève la tête vers le ciel, rugit de colère et de tristesse. Sur sa crinière, je distingue une ménorah ornée de flammes, qu'il arbore comme un pectoral. À ses pieds, protégé par ses pattes royales, gît un agneau, sacrifié. Il repose sur douze pierres, disposées comme un autel. À quelques mètres, apposé sur la façade de la maison, un bas-relief. Le même lion, de profil cette fois : il faut s'en approcher, scruter attentivement sa crinière où se révèle peu à peu une série de motifs : des silhouettes emportées, un four crématoire, un chandelier renversé, des hommes protégeant de leurs corps des rouleaux de la Torah menacés par les flammes, une figure évoquant la crucifixion de Chagall. L'histoire de la souffrance et de l'exil semble littéralement habiller l'animal, qui rugit de toutes ses forces, comme un pleur, un cri, comme une victoire aussi.

Le triomphe résilient et déchirant des porteurs d'éternité.

Parler sur leur chemin de souffrance. Cette œuvre d'art s'adressait à moi : le voyage d'un peuple était gravé sur ma vie, je voulais porter ce qu'il avait enduré et faire entendre une voix pour lui, une voix solidaire, une voix alliée, une voix courageuse, plus forte que le rejet. Cet appel trouvait une dimension urgente aujourd'hui, à l'heure où je rédige ces lignes. Refuser le silence coupable devant la haine antisémite décomplexée qui s'affiche, discrimine, réduit, et tue. La voix d'Elie Wiesel avait défié les nations lors de son discours d'acceptation du Prix Nobel en 1996 : « Nous devons toujours prendre parti. La neutralité aide l'oppresseur, jamais la victime. Le silence encourage le persécuteur, jamais le persécuté. » Aujourd'hui, les svastikas griffent les portes et souillent les façades ; les slogans de haine, ces rivières et ces mers scandées comme des bruits de bottes, se déversent dans nos rues ; les caricatures et les stéréotypes aveuglent. On la croyait morte, vaincue et terrassée, mais la bête immonde sommeillait. Ce lion m'invitait à prendre ma place sur la brèche, là où les Justes, anonymes ou reconnus, s'étaient tenus avant moi. Pour ne pas laisser leurs places vacantes, pour dire, témoigner, interpeller et agir. Pour prendre le parti du courage en actes et en paroles face au vent de la haine.

« Ton peuple, mon peuple. »

J'ai revu Auschwitz au printemps, Marion nous a quittés au début de l'automne, quelques semaines après le décès de son fils, Nicolas.

Une année de séparation, de fractures et de larmes.

Sachant Nicolas atteint dans sa santé, je faisais de mon mieux pour le tenir informé de mes découvertes, toujours encouragé et honoré de l'intérêt qu'il leur accordait. Un sentiment de fraternité pudique et inavouée. Mes messages se voulaient brefs, mais attentionnés, toujours encourageants. Lui, avec sobriété, gentillesse constante et appréciation sincère, ne manquait jamais d'y répondre. Dans un de nos derniers messages, toujours soucieux d'exactitude familiale et historique, il avait écrit : « *Je vous confirme qu'Albert Einstein est le cousin germain de ma grand-mère maternelle. Si vous revenez, je vous verrai.* » Si seulement j'avais pu achever mon récit et le lui soumettre, le lui remettre, comme une restitution généalogique, un comblement des absences, un colmatage des fissures !

Il est parti. Aujourd'hui, ses trois enfants, son épouse sont l'horizon de mes lignes.

Au mois d'octobre 2023, je revins à Neuilly pour revoir Marion, si éprouvée par le décès de son fils. Ce furent trois jours d'échange et d'écoute. Penchés ensemble sur des albums de photographies, nous traversions le temps. Elle me disait rêver chaque nuit de son père.

Le soleil se couchait sur le boulevard. Sous mes pas bruissaient les feuilles prématurément jaunies ; pourquoi si tôt ? Je refermai doucement la grille, elle me semblait plus lourde ce soir. Un claquement sec. Entre les lourds barreaux, j'aperçus les fenêtres de cet appartement, lieu de refuge, nid et confessionnal : il m'avait d'abord impressionné, avant de devenir, familière nécessité, le but et la cause de mes voyages parisiens.

Aurais-je pu imaginer ce soir-là que ce serait le dernier ? Deux semaines après, Marion nous quittait.

Marion. Sa silhouette s'était fragilisée au fil des années, j'avais appris à lui donner le bras, puis à être ses yeux lors de nos rares et précieuses sorties. Sa voix me manque. Son humour aussi : arme et bouclier, manié avec soin et précision pour toujours distance garder.

Marion portait en elle ce que nul ne pourra jamais connaître. Nos échanges, mes infatigables recherches ne m'ont révélé que la pointe d'un iceberg. Le tracé des êtres, les ignominies de l'histoire, les itinéraires et les adresses ne nous livrent l'accès qu'à la surface de l'horreur. L'invisible essentiel, celui des peurs, des drames, des larmes, des brisements, des deuils sans fin, des regards implorants, nous échappera toujours. Je ne peux qu'imaginer et tenter de reconstruire. J'ai suivi ses traces, pas à pas à Birkenau. J'étais en chaudes chaussures, elle subissait le froid qui ronge des pieds nus, prisonniers de souliers dépareillés, mouillés et blessants. Les cendres, la fumée, l'odeur, les morsures de l'hiver et des crocs. Elle était une des dernières.

Marion a vécu, pas survécu. Elle a su, par sa volonté courageuse, dépasser et vaincre l'innommable.

J'ai cherché, raconté et écrit pour elle, pour les siens, pour son fils, pour ses petits-enfants, pour les disparus, pour qu'ils vivent d'éternité. Car, inscrites en filigrane des parcours de Paul, Peter, Hans, Ingrid, Hermann, Emilie, Hedwige, Irma et Marion, six millions de victimes convoquent aujourd'hui les voix et les cœurs qui accepteront de parler pour elles et de combattre l'oubli.

En revisitant mes années de recherches et d'enquête, j'y lis un refrain qui transcende les générations : « Souviens-toi », « Lève-toi », ce double impératif associe dans un même mouvement le devoir de mémoire et d'engagement, m'invitant à considérer ceux qui m'ont précédé pour me tenir debout aujourd'hui.

Quatorze années d'enquête de mémoire, matérialisées par un carnet vert devenu porteur de sens et vecteur d'action, m'ont fait saisir l'importance de l'enracinement dans une lignée pour s'y inscrire. Un carnet « vers » m'a entraîné dans un voyage intime et historique, me permettant d'appréhender mes racines pour mieux déployer mes ailes. Il m'a confronté à Ruth l'étrangère et à la reine Esther, la glaneuse et la souveraine, deux exemples de prises de risque individuelles à la portée collective. Imperceptiblement, mon aventure mémorielle m'a révélé à moi-même. Prélude et ressort de mes positionnements, elle m'a invité au courage désintéressé.

Considérant mon parcours, j'y discerne un mot pulsation, fil rouge structurant et dynamique : *Transmission*. Sur le plan étymologique, le verbe latin *mittere* (envoyer, déposer) accompagné de la préposition *trans* (au-delà) expriment des notions proches du passage vers, du voyage, de la traversée, et du don. J'y entends un ordre de « mission », la transmission se muant en une passation de flambeau, un appel-devoir à mettre en œuvre et à prolonger valeurs, expériences, et savoir-être par la création d'un lien intergénérationnel dynamique : « Le souvenir des grands-parents s'apparente [...] à une sorte de mémoire fondatrice, qui offre une ressource identitaire pour agir au présent. »[48]

La mémoire se fait ancrage. Reconstructive et réconciliatrice, elle m'a conduit à une re-connaissance, à une reconquête. Au fil du temps, l'écheveau de souvenirs s'est métamorphosé en un système racinaire plongeant, profond, étendu et nourrissant. Les mots de Maylis de Kerangal dessinent l'itinéraire d'une transplantation : mes années d'enquête ont à leur manière restauré et « réparé des vivants ».

Un carnet vert : testament et acte de naissance. Un legs qui donne sens à ma vie, un fondement et un envoi traduits ainsi par Boris Cyrulnik : « Pour qu'un objet prenne sens, il faut lui attribuer une signification qui vient de notre histoire et un projet qui s'enracine dans nos rêves. Alors, l'objet se met à vivre et provoque en nous un sentiment authentiquement éprouvé. »[49]

Porteur d'histoires et vecteur de rêves, ce petit carnet sans prétention, humble recueil de traces, de notes et d'esquisses, a peu à peu exhumé le parcours d'hommes et de femmes désormais indissociables de mon existence. À lui désormais de poursuivre son chemin de témoin, de préserver ces souvenirs dévoilés et d'en partager les fécondes empreintes.

Remerciements

Merci à la Fondation pour la Mémoire de la Shoah, au Keren Hayessod, à MM. Frédéric Hayat et Marc Cohen, ainsi qu'à la Licra pour leur parrainage généreux.

Merci à Marc Elikan, Emmanuelle Wolff, Ruth Bensmihan, Yves Braunschweig, Michel Borzykowski, Didier Zuili, Ariel Rosenstein, pour leurs encouragements, leur présence et leur aide.

Merci à Wolfgang Eichwede, Eric Bernard, Anne-Marie Poutiers, Alexandra Heller†, Daniel Travier, Mado Zbinden, Ruth Flückiger†, Yoav Krakovsky, Gérard Souffir, Shlomo Balsam, Bettina Malka-Igelbusch, Kip Ross, Michel Bruguière, René Reymond, Jascha Nemtsov, pour leur savoir, leur collaboration, les informations, images et documents fournis et pour leur mémoire vive.

Merci aux Éditions Favre d'avoir cru en ce projet et à Aline Lehmann de m'avoir accompagné et conseillé avec style, exigence et efficacité.

Merci à MM. Haïm Korsia et Patrick Cabanel pour leurs mots précieux, choisis, profonds et honorants.

Merci à Rebecca Gouri, ma « petite sœur de Galilée », à Norman Benarrosh et à Boaz Monczer, des amis devenus frères.

Merci à Nicolas Ribowski, mentor, ami, qui incarne dans ma vie les paroles de Serge Lama : « C'est mon ami et c'est mon maître / C'est mon maître et c'est mon ami / Dès que je l'ai vu apparaître/ J'ai tout de suite su que c'était lui ». Merci à

Marie-Christine Ribowski, son épouse, pour sa bienveillance et son écoute, et à Mme Michelle Charmier, cordon-bleu unissant les arts de la table et de la conversation.

Merci à Nicolas Van Eck†, à son épouse Catherine, et à ses enfants, Marion, Emmanuelle et Antoine pour leur confiance.

Merci à Marion Van Eck Arnstein†, à son mari Gilles†, d'être entrés dans ma vie pour y rester.

Merci à mes enfants et beaux-enfants, Laura, Matthieu ; Camille-Sara et Mark ; Lisa-Noa ; Quentin et Clara pour leurs encouragements enthousiastes et leur affection. « On ne peut donner que deux choses à ses enfants : des racines et des ailes » (proverbe juif). J'y ajoute la troisième : l'amour inconditionnel.

Merci à mon épouse, Nicole, un roc, une ancre, un cœur aimant, un soutien constant, une foi qui déplace les montagnes, un sceau de fidélité sur ma vie. Le livre des Proverbes l'appelle « Eshet Khayil », femme de valeur, combattante. « Ani le dodi ve dodi li » chante avec moi Salomon.

Merci par-dessus tout à l'Éternel, Dieu d'Abraham, d'Isaac et de Jacob, Dieu de Ruth et d'Esther, Souffle inspirant, Auteur de toutes choses, Celui que je peux appeler Père.

Notes

1. Perec, Georges, *Espèces d'espaces*, Galilée, 1974, pp. 122-123.
2. Lamdan, Isaac, "Masada" in *A Study in Twentieth Century Hebrew Poetry*, Ithaca, 1971.
3. Mark Warshawsky (1848-1907) a écrit *Oyfn Pripetshik* (« Du fourneau »), qui évoque l'apprentissage par les enfants juifs de l'alphabet hébreu.
4. *Today the ghetto knows a different fear,*
   Close in its grip, death wields an icy scythe.
   A sickness spreads a terror in its wake,
   The victims of its shadow weep and writhe.
   Today a father's heartbeat tells his fright.
   And mothers bend their heads into their hands,
   Now children choke and die with typhus here,
   A bitter tax is taken from their hands.
   My heart still beats inside my breast
   While friends depart for other worlds.
   Perhaps its better-who can say?
   Than watching this, to die today?
   No, no, my God we want to live!
   Not watch our numbers melt away.
   We want to have a better world,
   We want to work-we must not die
   « Fear » in *I have not seen a butterfly around here : children's drawings and poems from Terezín*, Jewish Museum in Prague, 1993, p. 37. Traduction en français de l'auteur.
5. Livre de Ruth in *Bible Juive Complète*, Éditions Emeth, 2017.
6. Campbell, Joseph, *Le héros aux mille et un visages*, Oxus, 2010.
7. *Dear Luc, Many years ago, sometime in the 1960s, I believe, Peter and I went to St Jean du Gard, and he showed me the little house where he had lived, and the walk he took every day to school. He also took me to*

a store which was still run by the same family – the son, who had been a schoolmate of his, and had tormented him.

8. *Then Peter went by himself to visit his old school teacher who was still alive. We spent the night in a hotel there. When the Germans came to Saint-Jean-du-Gard, or was it before, Peter's father was sent in a concentration labour camp. Peter and his mother were hidden in a goat shed that belonged to an old man, an anarchist, who raised goats and used to talk politics with Peter, and had a great influence on Peter's thinking. He used to bring olive oil and garlic and mushrooms and cook it all up for them – unforgettably delicious, but perhaps not the best thing for starving stomachs. When after the war, they came to this country, Peter (aged 17) still had the big belly of the malnourished. I also recall that when the Germans came to St Jean du Gard, Peter had to walk every week from the goat hut into the town to get some food, a very dangerous walk, as there were Germans everywhere. The citizens of the town looked out for him, and did not betray him. Every time he made this long walk the soles of his cardboard sandals would come off, or the strap would break and the shoemaker would put new ones.*
9. *Peter told me about his father being put in a French concentration camp. I am a little mixed up about the exact time when Peter's father, Hans, was sent to the camp. I don't know how long he was there, only that he escaped.*
10. Lettre de Hans Heller à son neveu Wolfgang Eichwede, Berlin, 24.4.1961, avec l'aimable autorisation de Wolfgang Eichwede.
11. Charcoal portrait depicting a man in a polka-dot bow tie and suit by Jacob J. Barosin. United States Holocaust Memorial Museum Collection #2010.502.18. Gift of Peter Garik and Katherine Greenblatt.
12. Christie's, Auction No. 9364, Printed Books and Manuscripts including Americana (New York, May 19, 2000), Item No. 204.
13. Le groupe musical international de Fred Squire fait ses adieux à la ville de New York, avant de faire route vers l'Angleterre à bord du *SS Maasdam.*
14. *A former coworker of Peter revealed that years ago Peter said he was trying to express his feelings concerning the holocaust through some of his paintings. Alexandra's daughter Diane was also present. 'When*

there are such horrible things happening, how do you make sense out of it?' she asked. 'It's very difficult to use words to talk about the most obvious things such as murders and annihilation... instead he can deal with that through imagery...and how do you transform that in a way that it holds the weight of the subject matter but [has] a beauty of the forms? That's art, to me.'
LeClair, Travis, in The Hellers' world: Dreams, horror and transformation, Basement Medicine, Vermont State University, 18 September 2014.

15. *My works can also be seen as inner landscapes: it's neither the subject nor the painter which counts. It is the relationship between the two – what happens in the middle somewhere between what is seen and what is perceived – the resolution in form of the emotional residues and sensations of childhood, of adulthood, of the conflicts which have savaged us in the 20th century.*
16. Nuremberg a été la capitale du jouet pendant plus d'un siècle. Vers 1910, quelque 5000 personnes y travaillaient dans plus d'une centaine d'entreprises du secteur, dont Issmayer, Hess, Bub, Carette, Fleischmann, H.E Arnstein, Plank, Doll, Spear et surtout Bing, le plus grand fabricant de jouets du monde à l'époque. En 1923, Hermann était devenu propriétaire de l'entreprise fondée par son grand-père et son père.
17. Levi, Primo, Il tramonto di Fossoli in *Ad ora incerta*, Garzanti Editore, 1984.
18. Dossier de naturalisation n° 29419 X 33, conservé aux Archives nationales sous la cote 19770881/121, site de Pierrefitte sur Seine, avec l'aimable collaboration de M. Eric Bernard que je remercie.
19. Aufzeichnung Ribbentrop, Gespräch mit Bonnet, 2. Aussprache,7. Dezember 1938, Paris, 9.12.1938. Akten zur Deutschen Auswärtigen Politik 1918-1945 (= ADAP), Serie D, Bd. IV, doc. n° 372. D'après la traduction parue dans Raul Hilberg, *La Destruction des Juifs d'Europe*, Paris, 1988, p. 340.
20. (Arns) Hermann Arnstein – Nous ne disposons d'aucune information sur Arnstein, mais nous savons que lui et sa famille ont été déportés de France. Il n'existe aucune preuve qu'un membre de la famille Arnstein soit revenu des camps de concentration nazis.

Certains des biens Arnstein « retrouvés » ont été vendus aux enchères par le gouvernement français.

21. Modiano, Patrick, *Discours à l'Académie suédoise*, Gallimard, 2015, p. 29.
22. https://mediatheques.agglo-pau.fr/actualites/760-refus-et-resistance-a-pau
23. L'Œuvre de secours aux enfants (OSE) est une association destinée au secours des enfants et à l'assistance médicale aux Juifs persécutés. Elle a secouru plusieurs milliers d'enfants juifs pendant la Seconde Guerre mondiale.
24. Abandonnez tout espoir, vous qui entrez : phrase inscrite à l'entrée de l'Enfer dans la *Divine Comédie* du poète Dante.
25. Le reçu émanant du carnet de fouilles n°111 de Drancy est consultable au Mémorial de la Shoah, Paris.
26. McGrew, William, *Educating across Cultures – Anatolia College in Turkey and Greece*, Rowman & Littlefield Publishers, 2015.
27. « Lève-toi », mots en araméen et grec que Jésus prononça en ressuscitant la fille de Jaïrus (évangile de Marc 5:41).
28. Livre de Josué ch. 1 v. 3, La Bible Complète Juive, Éditions Emeth, 2017.
29. Discours d'André Chamson à l'Assemblée du Désert, septembre 1935.
30. Vincent, Samuel, éditorial, *Neuf millions de preuves de l'existence de Dieu*, La Pioche et la Truelle, 1er juin 1907, n° 280, p. 1.
31. http://rubensaillens.over-blog.org/article-6394831.html
32. Bolle, Pierre, Les protestants et leurs églises durant la Seconde Guerre mondiale, in *Études théologiques et religieuses*, 1982, 57-2, pp. 185-208.
33. Joutard, Philippe, Poujol, Jacques, Cabanel, Patrick, *Cévennes, terre de refuge 1940-1944*, Les Presses du Languedoc, Club Cévenol, 1988 (2e édition), p. 252.
34. Cabanel, Patrick, *Cévennes, jardin d'Israël*, Éditions Alcide, 2018, p. 58.
35. Peyrat, Napoléon, *Histoire des pasteurs du Désert depuis la Révocation de l'Édit de Nantes jusqu'à la Révolution française : 1685-1789*, Valence, 1842, BCU, Lausanne.
36. Esther, la fille adoptive de Mardochée (son oncle), devient reine au côté du roi de perse Xerxès. Haman, premier ministre du royaume, hait les Juifs et prépare un complot pour les exterminer. Sa première cible sera Mardochée. Avec habileté, Esther pousse le roi à arrêter ce plan contre

les Juifs et Haman est pendu, in *La Bible à grands traits*, collectif, Éditions LLB, 1991.
37. « Réveil : Le Réveil, mouvement protestant qui chercha à renouveler la spiritualité en se fondant notamment sur le refus d'une pratique religieuse purement formelle, sur le sérieux de l'engagement personnel et l'importance de l'évangélisation » in Dictionnaire de l'Académie Française, Fayard, 2001.
38. Mazet, Michel, in *Redressés et réveillés. Les protestants en Drôme Ardèche sous le régime concordataire,* Éditions Olivétan, 2019.
39. *Le Figaro*, 23 juin 1938, in *Retronews*, site de la BnF.
40. Lettre de Paul Claudel de 1936, citée dans *Figure d'Israël,* Cahiers Paul Claudel, n°7, Gallimard, Paris, 1968, p. 323
41. Thobois, Jean-Marc, *Va eilei toldot*, Association Keren Israël.
42. Abecassis, Armand et Eliette, *Le livre des passeurs*, Robert Laffont, 2007.
43. Yad Vashem (יד ושם, un monument et un nom), établi en 1953 par une loi de la Knesset (Parlement israélien), est l'Institut international pour la mémoire de la Shoah. Il s'est vu confier la noble tâche de commémorer, documenter, rechercher et enseigner la Shoah. Parmi ses missions : perpétuer la mémoire des six millions de Juifs assassinés par les nazis et leurs collaborateurs, celle des communautés juives détruites, ou des combattants des ghettos et des mouvements de résistance. Mais aussi, rendre hommage aux Justes parmi les Nations, ces non-Juifs qui ont risqué leur vie pour sauver des Juifs durant la Shoah. Source : https://www.yadvashem.org/fr/a-propos-de-yad-vashem/yad-vashem.html
44. Discours de réception à l'Académie Française, 6 juin 1974.
45. Laurent, Clara, « Amnon Weinstein : la lutherie ou la vie », in *La Gazette de Monaco*, mai 2013.
46. https://institutfrancais-israel.com/fr/event/les-violons-de-lespoir/
47. Duvernoy, Claude, *Le Prince et le Prophète*, Éditions Emeth, 2012.
48. Attias-Donfut, Claudine, Segalen, Martine, *Grands-Parents: la Famille à travers les Générations,* Odile Jacob, 1998, p. 223.
49. Cyrulnik, Boris, *Les objets ont-ils une âme ?* in *Objets transmissionnels. Liens familiaux à la Shoah*, Michel Borzykowski, Ilan Lew, Éditions Slatkine, 2019, p. 10.

Table des matières